活出

理想人生

青少年智慧成长指南

邱娟 著

山东人民出版社·济南

国家一级出版社 全国百佳图书出版单位

图书在版编目（CIP）数据

活出理想人生：青少年智慧成长指南 / 邱娟著 .
济南：山东人民出版社，2024. 8. -- ISBN 978-7-209
-15306-5

Ⅰ . G78-62

中国国家版本馆 CIP 数据核字第 2024426PT5 号

活出理想人生：青少年智慧成长指南

HUOCHU LIXIANG RENSHENG：QINGSHAONIAN ZHIHUI CHENGZHANG ZHINAN

邱娟　著

主管单位　山东出版传媒股份有限公司
出版发行　山东人民出版社
出 版 人　胡长青
社　　址　济南市市中区舜耕路517号
邮　　编　250003
电　　话　总编室（0531）82098914
　　　　　市场部（0531）82098027
网　　址　http://www.sd-book.com.cn
印　　装　山东新华印务有限公司
经　　销　新华书店

规　　格　32开（148mm×210mm）
印　　张　10.25
插　　页　5
字　　数　192千字
版　　次　2024年8月第1版
印　　次　2024年8月第1次
ISBN　978-7-209-15306-5
定　　价　68.00元
　　　　　如有印装质量问题，请与出版社总编室联系调换。

前　言

生命是一场需要耐心的旅程

在这个瞬息万变的世界中，生命的旅程常常被压缩成一场充满焦虑与迷茫的奔波。然而，在心灵深处，我们都渴望以一种更为宁静和充满耐心的方式去感受和品味每一刻的美好。正是基于这样的洞察，这本书应运而生。生命是一场需要智慧、耐心与爱的旅程，而我们每个人，既是这段旅程的参与者，也是它的设计者。

作为一名创新教育实践者，我始终坚信：每个孩子都拥有独特的潜能，每个生命都是一颗璀璨的星星。父母只要用智慧的方式引导，在孩子成长的各个敏感期给予温暖的支持与启发，就能帮助孩子拥有健康、幸福、丰富的人生。在这场需要耐心的旅程中，我们必须学会等待，并在不确定的日子里信任生命自身的韧性，让孩子们按照自己的节奏自如地绽放。

　　然而，现实生活中的种种压力，让我们常常陷入焦虑与迷茫。这个世界对孩子们的期待往往太多，纷杂的竞争让他们难以停下脚步，倾听自己内心的声音。作为父母，我们担心无法为孩子提供最好的教育环境，担心他们会在激烈的竞争中迷失方向。在过往的家庭教育和人生辅导经验中，我深切地感受到许多家庭和孩子面临的困境与压力——婚姻的迷茫、教育的焦虑、生活的无奈……所以，我一直在探寻人生的奥秘，并试图找到一种能够让更多家庭都走上富足、幸福和智慧道路的方法。经过多年的教育实践与深入研究，我终于发现并实践出了一套行之有效的教育理念，帮助许多家庭和孩子走向了他们梦想中的生活。在这个过程中，作为一位母亲和导师，我总能感受到许多出生在这个世界的孩子，由于父母对生命的不了解而受到错误养育方式的影响，原本具足潜能的他们因此经历了各种考验与磨难，失去了展现潜能、实现自我价值的机会。因此，我怀着深切的爱，将二十年来的教育经验，对生命、关系、教育等多方面的深入洞察，以及旅学各国对人类的观察和思考汇集成书。

　　这本书是一场爱的旅程。我希望与你分享智慧教育的理念和方法，帮助你远离教育中的迷茫与焦虑，发掘内在的潜力，发现每个孩子与生俱来的智慧与天赋。我们需要勇敢地走出传统教育的框架，开拓新思路，让每个孩子都能成为自己人生的主人。书中凝聚了我的真情实感，汇集了作为母亲、导师和教育工作者的多年心血。我希望这本书能够激发每一个家庭的潜力，让每位读者找到属于自己的方向。

《活出理想人生：青少年智慧成长指南》不仅是孩子成长的指南针，更是我们追寻幸福之路的灯塔。它为追求卓越人生的读者提供在家庭幸福、子女教育、个人成长等方面的深刻见解与实用方法。每个章节都经过深思熟虑和实证研究，为困惑中的家庭提供一份温暖而实用的指南。

家庭教育是一场勇敢的需要耐心的游戏，其中，等待是一种最具冒险精神的信任。比"我爱你"更有力量的话，是"我相信你"。在这场游戏中，我们既是孩子的规划师，也是他们最亲密的伙伴。只要我们全心投入，担负起100%的生命责任，便能携手面对生命的起伏，共同编织出属于我们自己的美好图景。生命的道路上布满荆棘，但只要我们心怀智慧与爱，一切困境都将成为通往光明的阶梯。

在我的生命中，我不断见证着生命的奇迹，听到来自不同方向的感谢之声："邱妈，我爱你，是你让我找到了真实的自己！""邱妈，感谢你出现在我的生命中，有你真好……"这些发自内心的感言如涓涓细流，涌入我的心中，激励我在这条道路上坚定前行。

愿这本书成为你开启这段旅程的指南，为你的人生带来积极的改变。通过学习智慧方法与策略，与孩子共同探索，我们将一起拥有各自的美好人生。希望你在阅读时感受到我用心编织的每一页篇章背后的真挚关怀与智慧，并找到属于自己的人生价值和方向。让我们带着勇气、乐观与无畏精神，共同迎接这场充满无限可能的生命旅程。

邱　娟

目　录

目
录

第一章

活出理想人生的秘诀

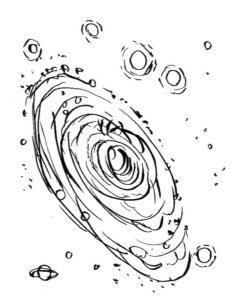

1. 生命跃升第一步

在这个神奇而又广阔的宇宙中，我们每个人都是独一无二的存在，演绎着属于自己的生命剧本——有的一帆风顺，有的困难重重，有的彰显着爱与丰盛，有的则突出了残酷无情……在这样一个复杂的世界中，如果我们能揭示事物背后的规律，理解那些隐藏在日常生活表象之下的深层原理，并将其总结为一份能帮助我们稳健前行的人生指南，指导我们能够幸福且有意义地活过这一生，那是一件怎样的幸运与美妙的事！

历史上的智者，像是在繁星点点的夜空中为我们点亮了一盏盏明灯。他们不仅洞悉了人生规律，还运用这其中的原理，成为自己命运的"人生规划师"。不仅如此，这些人生规划师通过各种方式，用他们擅长的语言和视角解释这些原理，形成了一系列思想与学说，试图向人们讲清楚其中的思想原理，引导人们改变观念，知行合一，走向更加充实和有意义的人生。

正如这些古老的智慧所示，我们的思想和观念是塑造我们生活的核心力量。我们的理想、志向、兴趣和专长都是在这些思想的基础上构建的。如果我们能够改变自己的思维方式，用更高远的视角来审视问题，以更长远的眼光来看待生命，那么我们的生活，无疑将会发生翻天覆地的变化。通过理解和运用这些生命原则，我们就可以引领自己和孩子进入一个全新的生活境界，一个更明亮、更富有成就感的世界。

思想如同一束光，照亮我们的观念，塑造我们的态度，引导我们的行为，最终决定我们生活的成果。我们因此而得出这样的结论——思想决定观念，观念决定态度，态度决定行为，行为决定结果。不同的思想，如同不同的光谱，照射出截然不同的生命状态。表面上，我们所有人都生活在同一颗蓝色星球上，然而在更深层次上，每个人由于思想的高度和认知的深度不同，仿佛居住在各自不同的"平行宇宙"中，经历着与自己思想观念相匹配的生命模式。

同样，在这一漫长的人生旅程中，我们面临的问题往往是基于某种思想状态产生的，通常不能仅凭我们原有的思维模式解决。要想彻底解决问题，首先要从改变自己的思想开始。唯有升起内在的智慧与觉知，改变原有的固化思想，用新的观察方法和角度，才能轻而易举地解决问题。这也就是智者们总是说"行有不得，反求诸己""认识你自己"的原因了。

古希腊的德尔菲神庙门上刻着"认识你自己"这样一个警句；苏格拉底也用这四个字来启迪他的学生；东方的智者，

老子在《道德经》中提出，"知人者智，自知者明"；孔子的弟子曾子在《论语》中说，"吾日三省吾身"；孙子曰，"知彼知己，百战不殆"；荀子曰，"自知者不怨人"……这些思想不约而同地指向了人生三大终极问题——"我是谁？我从哪里来？我要到哪里去？"

　　这些问题不仅是哲学的追问，更是每个人生活中的实际指导。我们自己的思想是造成一切问题的根源，所以生命跃升的第一步，就是要通过"认识自己"，清晰地认识到"我是谁？我从哪里来？我要到哪里去？"我们每个人都应该从把自己活明白开始，这样才有机会真正主宰自己的命运。认识自己，了解自己的真正身份、来历和目的地，是我们解决问题、提升生命质量的关键。只有深入地自我探索和自我理解，我们才能清晰地认识到自己的优势和局限，从而有效地规划自己的生活路径。

　　将这种认知转化为行动，每个人都可以成为自己以及家人的"人生规划师"，不仅规划个人的发展，更能通过"自助助人"的方式，成为他人成长道路上的引导者。这种自我提升的过程，是一条由内而外的转变之路，是从自我认识到主宰自己的命运，再到帮助他人实现潜能的旅程。

　　无论此时此刻你年龄多大，生活状态怎样，是否走进了婚姻的殿堂，是否有了可以为之坚守一生的事业，是否有了自己宝贵的孩子，如果你想拥有幸福且有意义的生活方式，或是想拥有一个聪慧圆满的孩子，你都需要有一个长远的准备和规划，这一切都要从"认识自己"开始。

你要成为怎样的人？"认识自己"是人生中最重要的第一课，你对"自己"的定义，决定了你一生的命运。这个定义是你此生最大的资产，因为它决定了你一生的境界、维度、层次、格局、贫富、气质等一切存在状态。也就是说，通过认识你自己，学习看见更好的自己，就会得到更好的自己。主动选择你此生想要到达的层次，你的视野所及的，就是你能收获的全部。当然到了一定的阶段，也可以将这里的"自己"扩大范围，将爱人、孩子、家庭、事业、国家乃至全人类看成"自己"，这也是格物、致知、正心、诚意、修身、齐家、治国、平天下的真正含义。在这短暂而珍贵的一生中，让"自己"的视野和范围不断扩展，体验生命给我们带来的真谛。

这世界像一面镜子，我们都在其中看见了自己，一个人眼中世界的模样是来自他内心深处的投射。我们每个人对这个世界的评判标准，来自自我认知程度所带来的局限结果。每个人都是一个思想中心。由于事物本身的中性特征，它的好坏利弊，是根据人的思想观念而定的。不同的人看待同一事物，总是有不同的角度和看法，甚至得出相反的结论，所以世界在你眼中的样貌，是你选择看见的那个样貌。你生命中出现的所有问题，其实都是来源于思想的认知障碍，你最大的敌人是自己。你可以通过"认识自己"，把自己的人生活明白，主动编织出你想要的人生。

在《道德经》中，有一句深刻的箴言："知不知，尚矣。不知知，病也。"这是一种至高的智慧，提醒我们，真正的智慧是认识到自己的无知。这不仅是一种自我认知的过程，而是一种生活的艺术，要求我们不断打破自我限制的思维模式，提升我们的认知水平，深刻思考"我是谁，拥有什么，追求什么，将成为什么"。通过这样的反思与行动，我们才能真正成为生命的主宰。

想象一下，当你能够敞开心扉，真正地认识自己，思考你来到这个世界的目的时，你的生活将如何变化。了解自己，接纳自己的优缺点，理解并接受生命中的每一次起伏，这种态度将使你达到一种心灵的和谐与平静。在这个过程中，你将不再轻易评判或抱怨，而是用一种积极、正面的思维方式来面对生活中的每一个挑战。

相反，如果你放弃了"认识自己"，你的生活将变得被动。如同在浓雾中行走，看不清方向，你的每一天可能都被外界的人和事推着走，你的整个存在可能会呈现一种混沌和迷茫的状态。在这样的生活里，每一天都在对抗那些你并不渴望的事物，而忽略了内心真正的召唤。这种存在的代价是巨大的，因为它消耗的是你宝贵且唯一的生命。

记住，每一天都是一次机会，让你走向你想要的生活。如果你不去用心思考、不去创造你梦想的生活，那么你最终将不得不面对一个充满遗憾和失望的生活。这就是不认识自己的真正风险。相反，通过深入了解自己，你可以选择一个充满意义和光明的道路，不仅为自己创造价值，也为世界带来光明。

所以，探索"我是谁"并非一种奢侈的哲学追求，而是每个人都应当进行的内心旅程。它要求你停下脚步，仔细审视自己的生活，然后用全新的视角重新出发，这将是你通往充实、有意义生活的关键一步。这样的生活让你不仅仅是存在，而是真正地活着——活出自己的本色，活出自己的梦想，活出真正的自我。

2. 拿回生命的解答权

在人生的旅途中，我们每个人都必须学会独自面对和承担。即使出生于极富有且幸福的家庭，拥有最圆满的婚姻，享有最完美的伴侣，也无人能替代我们自己经历成长的苦痛和挑战。生命的每一步都是自我发现的旅程，其中无数的考验需要我们以坚毅和勇气去独立应对。

我们几乎每一个人都带着或多或少的童年阴影步入成年，这些未曾愈合的创伤伴随着我们进入友谊、婚姻和亲子关系。而当面对生命的考验时，我们却期待他人为我们分担重负；当内心纠结不已时，我们却期望从他人那里获得安全感和力量；当我们尚未学会为自己的生命负责时，却想要通过孩子实现自己未竟的梦想……我们的这些期望和要求往往会落空。

因此，认识自我是走向独立的第一步。了解自己，摆脱对外界的依赖，学会独立、学会面对、学会承担，学会用智慧化解生命中的考验，回归到内心的平静和自信。这意味着从内省不足、外求有余的状态，返回到自己的内心；从在意他人的评价，返回到自我认可的靶心；从依赖他人，回到依愿而立的生命主轴，拿回生命的解答权和掌控权。

一个人从头到尾独自承担一件事情，是训练自主意识与能力，拿回生命解答权最好的方式。比如小到一个人做饭，一个人旅行，大到一个人创业，要主动给自己和孩子创造训练独立行动与承担的机会。一个人的旅行是提升勇气、打破人生框架，以及训练遇事反应能力的好方法。因为在整个旅行过程中，你需要将所有的细胞、感官打开，以应对下一秒将要发生的事情。从路线的规划及提前考虑各项事情的预知能力，再到语言交流沟通的能力，观察敏锐力，敢于尝试的勇气……所有这些都要求你打开所有感官，以应对即将到来的未知。这种经历，无疑是对自我认知的一次深刻挑战。由于眼前新事物不断出现，它迫使你突破以往的思维模式，以全新的视角重新发现问题，寻找解决方案。这种不断的自我超越和重塑，是自我成长的真正动力。

因此，给自己和孩子创造独立和承担的机会，是每个人成为真正的生命舵手的关键。通过这种方式，我们不仅能主导自己的生活，还能在这个过程中成长为能够帮助他人的人生规划师，使我们的生命不仅为自己服务，也为更广阔的世界带来价值。

记住，这个世界上只有两种人，一种人是"拼命地索取"，他们总是在寻求更多，无休止地追求物质和满足；另一种人是"拼命地给予"，他们把拥有的一切——无论是知识、爱还是资源——毫无保留地分享给他人。所谓的成长，就是学会承担起对自己生命的责任，成为一个能够自给自足的人，做一个自己给自己答案的人，并教会身边还在不断问问题的人自己找到答案。

这个原则同样适用于我们对孩子的教育。教育孩子不仅仅是教会他们知识和技能，更重要的是培养他们面对挑战的能力。让孩子独立处理问题，不仅是教会他们如何生存，更是训练他们成为解决问题的人，一个能给出答案的人。通过这种方式，孩子学会在成长中帮助并引导他人找到他们自己的答案。

因此，如果你渴望过上梦寐以求的生活，想要培养一个睿智而完整的孩子，你必须先处理好自己内心的负担，让自我成长得到最大的促进。你需要学会尊重自己的过去，让自己的心灵安定下来，跳出固有的非对即错、非黑即白的对立思维，拥抱更加全面和多元的世界。

深入了解自己——认识到自己心中的愿景、拥有的东西、擅长和喜欢的事物。在不断的自我拓展中，清晰地定义你所追求的生活状态。然后，学会好好爱自己，真诚且满心欢喜地接受生命中发生的一切。无论面对的是挑战还是机遇，无论是幸福还是困苦，全然地接纳并臣服于生命的赋予。

从这些经历中提炼出生命的智慧和规律，然后将这些心得与他人分享，真诚地对待每一段经历，感恩一路上所有的相遇与帮助。如此，你的生活将步入一个正向的循环，每一个行为和选择都将变得更有意义，更加丰盛，而你的生命之树也将因此茁壮成长，繁花似锦。

在这个纷扰的世界中，真正的自由和丰盛始于内心的解放。你要记得，先有身心的自由，才有生命的丰盛。因此，首先要用耐心去培养和塑造自己，深入理解和体验生命的每一刻。

当你真正理解了生命的真谛，你就会发现自己的独一无二，是多么的珍贵；当你学会了无条件地爱自己，你也就学会了尊重他人；当你学会了勇敢地成长和塑造自己，你也为自己的孩子树立了榜样，顺其自然地学会了教育孩子；当你学会了全然地为自己负责，周围的人就会慢慢发生变化……随着你的成长，你将逐渐放下对他人过多的要求和期待，开始无条件地接纳和爱他们。正是这种深层的自我理解和接纳，构建了向外延伸的爱—— 一种真正能够改变世界的力量。

带着对生命深刻的理解，让自己成为宽容和善良的化身。这种转变不仅会影响到你周围的人，也会逐渐影响到你的家庭。你的家庭将变得更加和谐美满，你的孩子也会在这样的环境中成长，面对的外在压力更少。到那时，你周围的人也会为之改变，你的家庭就会越来越幸福和美满，你的孩子也会因父母的成长，面对更少的人为功课和外在压力，这也会让他更能集中精力成长自己，更能专注于自我实现的旅程。

显然，从"认识自己"开始，拿回自己生命的主导权，成为自己人生的规划师，这是让生命充满无限美好与智慧的多赢做法。通过这种自我探索和成长，你不仅能够创造出一个更加幸福的个人生活，还能为你爱的人创造一个更加美好的世界。

第一章 活出理想人生的秘诀

3. 决定命运的关键之钥

我们的身体，不单单是生物学的奇迹，它更是一部精密设计的神圣机器。像宇宙中无数旋转的星体，我们的身体也是一个微缩的宇宙，充满了无尽的秘密和神奇的力量。要真正理解自己的身体，我们需要以一颗敬畏的心去探索和学习它。

英国诗人布莱克曾经说过："一颗沙里看出一个世界，一朵野花里一座天堂，把无限放在你的手掌上，永恒在一刹那里收藏。"

美国著名心理学博士、精神治疗师大卫·R.霍金斯博士的二十多年研究揭示了人体在不同思想状态下的频率变化。他的工作表明，每个人的状态都与特定的动力指数相匹配，从而影响我们的身心健康。他的研究发现，负向的频率，让人的身心健康受到影响，成长受到阻碍；正向的频率，可以增强我们的生理和心理健康。勇气与自我肯定是正向频率的开始，也是人趋向于成长的开始；诚实、同情和谅解能力增强一个人的意志力，改善身心健康；带有更高领悟的爱、宁静、喜悦能让人聚焦生活的美好与真正的幸福，内在流动着力量，生活中充满心想事成的奇迹……

通过这些洞见，我们可以看到，每个人都拥有独特的频率，这些频率不仅决定了我们的个体状态，也影响着我们与周围环境的相互作用。我们生活的每种环境、每段关系、每次交互都与我们的内在频率息息相关。

我们的思想发出的是会流动的动力，而这种动力带有特定频率，这些频率会影响我们的精神状态，继而让我们处于特定的情绪中，每一种思想都会有一个相对应的频率。

频率是会传递的，相同频率的人会因为"共振"而产生更大的力量。

这也就可以解释，人出生时每一个人都是不一样的，每个人的频率也都是独一无二的，随着时间的变化，受周围环境和人、事物的影响，他与周围的人慢慢地会产生趋向相同的变化，思想慢慢一致，内在的频率慢慢一致，进而存在状态一致，慢慢地言谈与行动也渐渐一致了。

近朱者赤，近墨者黑，就是这个道理。

人是受集体意识影响的，我们的这个时代、城市、周围的人、家庭，等等，这些都与每个人息息相关。你周围的环境、家人和朋友对你来讲有多重要？孩子生活的环境和伙伴对他的影响有多重要？如果你和孩子的周围围绕着习惯于抱怨、焦虑、恐惧、争抢的人，那你们就会在不知不觉中受到影响而被动地卷进去。同时，你也可以通过身边人来检查自己，如果你身边有好批评的人，那很可能是生命要你自查，你是否也有爱批评的倾向。同样的，如果你们周围是一群懂得付出、传递爱、无私分享、相互扶持的朋友，相信你和孩子也能够学会这些美好的品质。"物以类聚，人以群分"，你所在的环境对于你来说，非常重要。

决定命运的关键之钥，是你内在的频率状态。如果你想要让自己、孩子和家人生活在一群高动力的人群中间，最智慧的做法是，你身上必须要有对等价值的频率，才能够吸引相应的人和事物来到你身边。同理，如果你要身边的人是丰盛富足的，那你自己必须先丰盛富足起来；如果你想吸引快乐又有趣的人，那你首先应该是一个乐观有趣的人；如果你想结交有智慧的人，那你首先就应该是一个用心体悟生命真谛的人；如果你想要托付一生给一个负责任的人，首先你自己应该为生命负责任；如果你想要培养一个追求卓越的孩子，那你就应该先成为这样的人……

所以，我们在努力成长自己的同时，要校准自己内在的频率，对人生有一个清晰的目标，以让自己在一个明确的方向上顺利达成目的。

世界很大也很美，生命很短暂也很难得，我们没有理由也没有时间把生命浪费在自己不想要的事情上。人生这一程，短暂而珍贵，切忌因外在的干扰，让自己在头脑中制造出低频的恐惧，让自己在负向低频中举步维艰。调整内在频率最快的方法是运用高频音乐。当我们在治愈的频率中，被动地令自己的内在与之同步时，我们的身体和心神会和谐地振动。这些频率包括：

285赫兹　恢复体内组织，让身体感觉被更新。

396赫兹　解放愧疚和恐惧，以让更好的情绪有出路。

417赫兹　在面临挑战的情况下消除紧张。

528赫兹　可以修复细胞，并提升心灵觉悟。

639赫兹　这是与心脏相关联的振动频率。它让爱自己及他人的感觉存在，直到没有差别。如果要平衡关系，试听这个频率。

741赫兹　帮助人们有信心和能力，去实现他们所希望的事。

852赫兹　使内感觉被激活。

963赫兹　刺激松果体，并调整身体到最佳、最原始的状态。

除了使用调频音乐将频率维持在正向频率的"勇气波段"以上之外，你还可以为自己规划每隔一段时间的"高频事件"，比如定期去大自然，与好朋友一起约会，与家人去旅行，去看一场期待已久的电影、展览……这样可以让你不受困于当下，随时会以最高的频率、最好的心情把当下的事做得又快又好！如果生命中出现疲惫或无力感的阶段，请允许自己休息，允许自己懒惰，允许自己学着慢慢重拾动力，学会耐心等待自己重新焕发新的生机，内心知晓此时的休整是为了更好地前行，这时也是认识自己、理解自己和爱自己的最好时机。

我们要带着与生俱来的勇气向前走，向着自己梦想的生命方向前行。在这个过程中，无论发生什么，我们都不要以个人的喜好去处理，而是站在"本自具足、大家共好、感恩所有"的高频维度来平衡应对。对人对事，至真至诚，尽己所能，做到问心无愧。生活中，常思考"我能为你做些什么"，能够给他人带来好处与启发，能够给予他人爱与温暖的体验，是人生最幸福的事情。就这样，走着走着，你会发现一扇又一扇的"门户"向你全然地敞开，人生活得荣耀而有意义。

4. 从任何处境中找到好处

智者教导我们，"一切皆无常，"当你认识到所有事物的组成元素随着因果和机缘不断变化和重组时，你会明白生命的本质就是变化，如同四季更迭和日夜交替。你会发现"变化"

才是这个连续的空间与时间中唯一永恒不变的状态——事物的来去、得失，循环不息。因此，你将勇敢地接受并面对生活中的各种变化，知道这种"变"才是生命中唯一不变的真理，意识到生命的活力源于不断寻求变化，并以开放的心态接纳生活中的一切变迁。允许生命中的所有人、事、物，像流水一样自由流进，自由流出。

当生活中出现一些变故时，你要学会及时清零，领会这些变化背后的真正意义。同时，要理解一个人可以在经历爱之后放手，继续前行，直至再次遇到合适的机缘。

即使是亲人离世，也要学会放下，因为你已经从那个人那里得到了所有应得的。如果你真的爱他们，就会带着从他们身上获得的宝贵经验继续过好你的生活。

如果身边有重要的人选择离开，你应尊重他们选择的不同生活道路，理解并祝福他们，尊重他们的那些选择。因为任何一条道路都会带来不同的生命体验和启示。他们之所以会选择不同的道路，是因为这条道路可以为他们带来生命所需要的体验和体悟。我们要看到，人活在这个世界上，重要的是这一生生命的课题，而不是选择的路径。

你还要学会在面对逆境时保持祝福的心态。遇到事与愿违时，不要选择烦恼或仇恨，而是要学会从每个情境中找到这件事给你带来的启发或益处。就如古老的教导所言："要爱你的仇敌，为诅咒你的人送上祝福，为逼迫你的人祈祷。"人真正的敌人是自己内心投射出来的仇恨和分离，这最终伤害的是自己。生活就像回旋镖游戏，你给出去的，最终都会回到自己身上。你对别人的态度，别人也会反映给你。为他人祝福，其实是在祝福自己。一个被祝福的人，没有力量伤害祝福他的人。因为善良的意志，将在传递善意的人周围创造出强大的保护光环。传达善意与爱给别人的人，会为自己营造一个平和的世界。

你还需要学会释放痛苦。当你面对生活的挑战时，要学会接受和释放痛苦。告诉自己，可以一直哭，直到眼泪枯竭，然后继续哭泣，用眼泪把痛苦释放出来，用眼泪将痛苦洗净。被压抑的痛苦无法愈合，它会一直留在你的身体中。如果你选择"坚强"地忍住，那么这些痛苦就会转化为愤怒，让身体变得僵硬，感知变得迟钝，心灵渐渐封闭。哭泣是释放内心压力的最自然、最有效的方式，眼泪可以清洗心灵，保持活力流动，从而帮助治愈内心的创伤。面对困难时，请按照自己的节奏进行清理，你会发现困境带来了好处，会让自己的思维转变，并重新启程。不要在"困境的泥潭"中停留太久。

通过这样的方式，你可以学会在生活的各种情境中找到前进的动力。记住，生活中的每一次痛苦和每一次挑战都是成长的机会，让你更加坚强和充满智慧。

在困境中学会了解并接受自己，你需要先认识自己。这包括尊重自己的过去，并在伤痛中深入了解自己的真实身份。你应该爱自己，并给自己足够的时间慢慢消化过去的经历，让自己得到休息和恢复。直到将痛苦和怨恨转化为祝福、宽容与爱。最终，让自己成为一个值得被尊重的人。当你让内心的光芒散发出来时，你会更清晰地看到自己的生命蓝图。

你必须接受并克服生命中的挑战，在面对这些挑战时学会向内反省，从每次的考验中寻找对自己有益的经验。通过这个过程，你可以突破人性的局限，超越那些看似不可逾越的障碍。同时，你应该利用自己的内在特质，全力以赴地聚焦自己的精力。这种聚焦的精力能够帮助你突破当前的局限，创造出一个超越常态、高度活跃的世界。

这些"意料之外"的事件是生命中一个重要的转折点，它会让人重新调整人生方向。你需要理解这些考验的意义，因为它们是一种让心灵放慢脚步的方式。只有这样，人们才能真正了解人生的目的，发现生活中的美好，成为真实的自己，并以行动体现周围的美好。

依靠记忆面对过去，今天的你仍是过去的延续。如果你决定真诚地面对未来，忠于未来的自己，你将会专注于你的未来生命蓝图。如果心中没有对未来的明确规划，你的人生旅程就会没有目的。你可能会无目的地寻找答案，生命最终只是一再重复而已。当你对未来的愿景超越对过去的记忆时，你的未来将变得更加宝贵，你的生活将发生巨大的变化，并且潜力无限。

内心的感应是我们心灵的波动。特别是当我们需要专注展望自己未来的生命蓝图时，如果能通过这种内心感应清晰地看到自己的生命蓝图，那么许多生命中的意外就可以避免。相反，如果忽略了自己内在的信号，这些信息将会以更激烈的方式传递给我们，直到我们完全记起自己的生命目的。

你可以用下面的话来持续地清理自己、提醒自己，学会发掘每一个人、每件事的好处，并带领更多人展现自我最好的部分，借此来改变你自己，为周围所有的人造福。

感谢每一个伤害我的人，

因为他（她）是在让我明白"我是谁"，我要什么，不要什么；

感谢每一个妒忌我的人，

因为他（她）是在提醒我一直被自己忽略的天赋与梦想；

感谢每一个对不起我的人，

因为他（她）是为了让我的生命力更旺盛，适应力更强；

感谢每一个对我发脾气的人，

因为他（她）是用另一种爱的形式让我看到需要提升的地方；

感谢每一个瞧不起我的人，

因为他（她）是为了唤醒我更大的勇气，让我成为最好的自己；

感谢每一个误解我的人，

因为他（她）是为了让我修习宽容与慈悲，更加专注地做自己；

感谢每一个批评我的人，

因为他（她）是为了让我用另外一个角度重新审视自己；

感谢花时间在我身上的人，

因为他（她）用宝贵的生命时间来养育我、陪伴我、照顾我、教导我……直到我能够学会全然地爱自己，且为自己的生命负责为止！

当我们能够体悟到所有事件背后的深层意义时，当我们选择把爱、和平与光，带给生命路途中遇到的每一个人时，我们就从原先的人生课题中解脱，走在了勇于自我实现的生命大道上。

世界上所有伟大的故事，都在阐述着将生命中的变化所带来的痛苦或烦恼，转化成生命成长的智慧。当你能够平静坦然地应对一切的变化，领悟变化带来的最高生命启示，不再因自我的喜好厌恶，让自己流浪在无尽的情绪洪流中时，当你不再执着于任何一个人、任何事物之时，你的生命本身就是自由的，生命本身就会给你带来欣喜与有趣的事情。

"夜走千条路，白天卖豆腐"，这则谚语是在讲只在脑子里想，是无法改变现状的。你纵然明白了所有的道理，万事还是要从行动的第一步开始。很奇妙的是，当你有勇气走出第一步，随之而来的第二步、第三步就会自然呈现，不费吹灰之力。

如果你不知道自己要做什么，你可以在"重新认识自己"的同时，去分享自己经历考验过程中的收获，把自己从痛苦中学习到的经验以及从中发现的智慧与力量，教给别人，把所学到的保留下来，分享给别人。

一个人或一本书，就可以影响整个世界。你要培养自我价值，而不是自我纪律。生命以爱和服务为本，没有其他更重要的东西了。

在这个过程中，你要把在生命中学习到的处理挑战的智慧与清理障碍的方法，传承给你爱的那些人，还有你的孩子。

对于孩子来说，这是父母给予他最棒的礼物了！

这就是你孩子的生命"起跑线"！

5. 锚定真正的幸福

　　每个人都想要在这一生过上幸福快乐的富足生活，这一定也是你想要的，并且也是你想要传承给孩子的生活。要想拥有这种状态的生活，首先你要明白什么才是真正的幸福和快乐，什么是真正的富足，以及要如何做才能获得这样的生活。

　　仅仅拥有物质上的财富，比如金钱、豪宅、豪车，能够给你带来真正的幸福和快乐吗？

　　其实大量的事实已经证明了，只有物质上的财富并没有办法让人得到真正的幸福和快乐。物质必须相对于人的精神、心灵平衡地发展。也就是说，若你能同时拥有物质上的财富和精神上的财富，把自己活明白，那就是最大的幸福。

　　对于"幸福"本身，我们必须也要用智慧进行管理与取舍，区分清楚哪些是浅显的幸福、短暂的幸福、中性的幸福、深度的幸福，以及持久的幸福。浅显的幸福，就比如你穿上刚买的一件漂亮衣服，引来朋友们的夸赞；短暂的幸福，就比如你终于得到了朝思暮想的新车，但是驾驶一个月后便渐渐失去了刚开始拥有时的兴奋与幸福；中性的幸福，就比如你在半山的家中呼吸着雨后清新的空气，生发出那种由心而发的开心与满足；深度的幸福，就好比你的孩子深情地对你说"我好爱你"……

而持久的幸福其实就是，那些经常进行心灵练习的人内心保持的一种频率，它能帮助我们超越那些扰乱我们幸福的基本困扰——贪婪、愤怒、无知。这种高级的频率使我们能够在任何外部环境和人际关系中，都能轻松体验到简单而深刻的幸福。这种状态超越了二元对立的存在，因为那至高无上的幸福，实际上已在我们内心深处。

追求各种不同形式的幸福对一个人的生活具有决定性的影响。我们需要学会如何做出选择和决策，以找到对个人生活更有意义的幸福规划。

无论外部环境如何，我们都通过培养智慧，让心灵持续保持在平和和喜悦的高频率上，抱着"我能提供什么价值"的态度，在生活中成为一个能够真诚地为他人带来价值和幸福的人，我们就能获得真正的幸福。你渴望的东西，你自己现在就拥有。不需要等别人给予，你所依赖的人最终可能会让你失望，因为他们会通过这种方式让你学会勇敢，回归到自己本身；通过这种方式让你认识自己，取回原本属于你的力量。他人的加入只是锦上添花，他们的存在是为了与你共享幸福和快乐，从而一起创造出更加丰富多彩的生活。

需要提醒的是，你没有解救全世界的义务，你也不需要有哪怕牺牲自己的快乐，也要为人们提供有价值、有意义的事情这样的想法。因为有价值、有意义是外在的评价标准，且是中性的。想帮助别人自然是善举，但请不要带着自己固有的执念，用自我加压的方式去做，那样只能令他人感受到你那沉甸甸的目的性，继而引发他人内心的内疚和亏欠，从而让事情变得毫无意义。牺牲自我的方式，无法帮助到任何人，只能迎来对自我的否定，让自己失去力量。

先哲亚里士多德说："快乐既然是人类和兽类所共同追求的东西，所以从某种上说，它就是最高的善。"诗人薄伽丘说："人类的智慧就是快乐的源泉。"文学家高尔基说："快乐，是人生中最伟大的事。"著名雕刻家罗丹也说："生命是无尽的享受，永远的快乐，强烈的陶醉。"人做任何事情其根本都是为了快乐，快乐是人类共有的感觉。而事情本身无法让人感觉快乐，真正的快乐来源于内心的满足感，以及内心的改变。因此，请找到你热爱的生命主轴，让自己拥有创造的能力，以及通过自身的创造让他人幸福快乐的能力。带着这强大的定力，听从内心的指引，随心所欲地去做自己满心欢喜的事情吧。成长是一条向上的曲线，一切要听从内心的指引。不要在乎他人的评价，也不用外求他人的认可，只需要用心地去成长自己，将所有能给你带来内心变革的想法创造出来。就像添柴煮水，你要做的是带着笃定不断添柴，而不是盯着水是否烧开。请相信这一切最后都会水到渠成。

若你能够相信自己，无论外境如何，你都是一个幸福快乐的人。

再进一步将"自己"的范围扩展，看到别人有好的事情发生，就像这件事情也发生在你身上一样的状态去快乐，去幸福。这种"随喜"是一种很强大的能量，这会让你每时每刻都处于一个非常高频的状态，能够吸引好事随时降临。

6. 主动选择人生模式

在这个纷繁复杂的世界中，每个人都面临一个至关重要的选择：我们要如何定义和塑造自己的生活？这个选择不仅关系到我们的现在，更深远地影响着我们的未来和我们后代的命运。

首先，我们需要深刻理解并明确自己生命的根本目的。这一认知不仅能引导我们选择合适的生活方式，还能使我们在选择时更加主动和清醒。在人生的广阔舞台上，大体上存在两种生命模式：一种是以物质获取为目标的被动模式，另一种则是以天赋和愿景为核心的主动创造模式。

在被动的生命模式中，人们的行为往往是以金钱和物质为导向的。无论是通过出卖时间换取金钱，还是通过资本投资以获得回报，这种模式的核心在于短期的、有明确起止的交易。生活在这种模式下的人，往往体验到的是重复的劳作和无休止的物质追求，他们的生命仿佛被困在了一个永无止境的循环之中，而且常常缺乏长远的生命增值。

相反，主动的创造模式则是围绕个人的天赋和愿景展开的。这种生活方式不受时间和空间的限制，不以输赢为目标，其唯一的追求是持续地、不断地创造和成长。这种模式的典范人物如米开朗琪罗、达·芬奇、爱因斯坦、贝多芬等，他们不仅在自己的领域内取得了卓越成就，更以自己的作品和思想影响了世界，激励着后来的人。

这种生命模式鼓励我们每天都在自我超越中积累，每一次的努力和创作都在为未来的自己积累更多的"复利"。它使得生活本身成为一种艺术，一种探索，一种无止境的旅程，我们的生命因此变得更加坚定和充实。

我们每个人都拥有选择生命模式的自由和权利。特别是作为父母，我们有责任和机会从小拓宽孩子的视野，将他们引入一个学会创造的生活方式。通过打造一个充满创意的生活环境，我们不仅能使工作和生活实现真正的融合，还能成为创新和理想的践行者，从而让我们的孩子在成长过程中自然而然地学会如何充满智慧地生活和创造。

这不仅是一个生活选择的问题，这也是一个利用我们的才能和智慧，创造一个更有意义、更有价值生活的问题。当我们勇敢地选择了主动的创造模式，我们不仅为自己，也为我们的后代开启了一条通往光明和智慧的道路。

在这个世界的宽广舞台上，每个人都携带着独一无二的天赋，就如同星空中的每一颗星都有其独特的光芒。我们的任务，是去发掘这些天赋，明白自己究竟渴望什么，拒绝什么，从而拥有选择的智慧——"三千弱水中，只取一瓢饮"。当我们真正沉浸于探索和创造自己生命的无限可能时，我们便能触及人生至乐的境界。

如果在此时此刻，你感到迷茫，认为自己毫无价值，请暂时闭上眼睛，穿越时空回到过去，回想那些让你心跳加速、信心满满的瞬间。那些时刻可能是你在某个特定活动中感受到的快乐，或是在某个特殊场合下体验到的成就感。找到那些曾经让你的心灵激动的片段，深入探索它们，并将这些经历分享出来。通过这种方式，你的生活将变得更加多彩和充实。

如果你对某项技能、爱好或特殊兴趣怀有浓厚的热情，请全情投入。无论是艺术、科学还是任何其他领域，全心投入去研究、去实践、去完善。让你的生活围绕着那些能够带给你真正快乐和满足的事务旋转。确保你所追求的，是那些能够激起你内心深处热情的事物。

然后，在人生这场精彩纷呈的游戏中，你可以从容不迫地享受每一刻。在自己精心构筑的世界里，你可以深情而洒脱地生活。每一个由自己选择和创造的瞬间都是一笔宝贵的财富，它们共同编织成一幅丰富多彩的生命画卷。

通过这种方式，你不仅仅是生活在世界上，你是在与世界共舞，在创造一个只属于你的传奇。这种生活方式不仅充满了个人的风格和色彩，还能影响和启发周围的人，共同创造一个更加多彩和有意义的世界。

7. 全面塑造美好人生

《尚书·洪范》中提出"五福"的概念："一曰寿，二曰富，三曰康宁，四曰攸好德，五曰考终命。""五福"是人们活在这人世间至高的人文理想和追求，也可以成为我们清醒地生活在人世间的方向与导航。

第一福，"寿"，是关于长寿的神奇福分，它不仅仅涉及岁月的数量，更关乎生活的质量与深度。在《法句经》中，有这样的话语："得生人道难，生寿亦难得。"这句话提醒我们，能够在这个世界上生存本就不易，而能长寿更是难得的恩赐。《养生经》则为我们描绘了不同层次的寿命：上寿百二十，中寿百年，下寿八十。根据这些经文，活到八十岁才能称之为"寿"，但这个"寿"必须是充满质量的生活才具有真正的意义。

真正的长寿并非仅仅是年龄的增长，而是在这漫长岁月中，保持身体健康和心灵活力。它关乎思维的清晰，表达的流畅，对生活的珍视，以及不断的勇猛精进。这样的生活方式让人在享受长寿的同时，还能维持尊严，不给他人带来负担，甚至还能"自利利人，益而不费"，在帮助自己的同时也助益他人，而不造成任何浪费。

要想拥有这"第一福"，就需要有了解身体与生命的智慧，而这些智慧，古人早在《黄帝内经》中有详细的讲述。这需要我们耐心地学习，最好在孩子小的时候把这种智慧的健康理念灌输给孩子，让孩子终身受益。

然而，最崇高的寿不仅是生理上的长寿，而是精神和思想的永恒。正如《道德经》中提到的那样，"死而不亡者寿也"，真正的长寿超越了生死，超越了时间的限制。这是一种哲学上的寿，它涉及思想和精神的不朽。老子、孔子等先贤，虽然他们的肉体已经不在，但他们的教义、智慧和精神仍然在世界各地流传，激励着一代又一代人。

这种寿是每个人都可以追求的。它启示我们，生活不只是为了生存，而是为了创造一种影响力，让自己的生命在世界上留下不可磨灭的印记。通过培养健康的身体、活跃的思维、丰富的精神生活以及为社会做出贡献，我们每个人都能够追求并实现自己的"寿"。

因此，第一福"寿"，是关于如何活得有意义、如何让生活更加丰富多彩，并且如何使自己的精神和思想得以永存。这不仅是对自己的生命的庆祝，也是对整个人类社会的贡献，使我们的存在成为时间长河中的一部分，永远影响着未来。

第二福是"富"。富足不仅仅是指拥有财富，它是一种生命状态。富足不应是我们人生的终极目标，而是我们体验生活的一种方式。所谓的富足不单是拥有多少财富，虽然财富经常被视为个人内在价值的外在表现，但真正的富足反映的是内心的充实和丰富，主要通过内心的宁静和平和，带来生命状态的和谐与自在。

追求精神上的价值也是一种富足。这通常需要几代人的努力才能实现。只有当物质需求不再成为束缚时，我们才能真正"放下"，追求精神上的富足。智慧是无限的，拥有智慧就等同于拥有了无尽的富足。

俗话说，"知足者富"，金钱只是富足的一部分。当你考虑富足时，不应局限于金钱和事业。想一想你希望在生活中拥有的一切，你想做的、成为的、看到的事物，以及你与所有生命的关系。

当然金钱作为交换媒介在生活中扮演重要角色，为自己和孩子树立正确的金钱观至关重要——生活中确实需要赚取收入；金钱作为普遍的交换媒介，象征着追求平等；金钱能赋予人力量，因此赚取收入也是追求自由的方式；赚钱基于对人、自身和社会的正确理解，也是追求真理的表现。但是，实现理想生活不只依靠金钱，有些东西可以通过其他方式获得，如此才能交换。如果你只专注于金钱，可能会忽视生活中其他重要的方面，这样一来，对生活的想象力就会受到限制，最终影响到你体验"富足"的能力。

人生的富足表现在三个方面：

身体的健全发展：包括健康的身体，足够的食物和饮料，舒适的衣物，温暖的住所，以及在工作之余有足够的休息时间享受物质的美好。

心智的快速成长：具备充实心灵、见多识广、创造美好事物的资源，如阅读、学习的时间，旅行的机会，与智慧朋友交流，以及艺术美学的鉴赏能力。

心灵的完美呈现：心中充满爱，多行善事，分享与传播智慧。

一个人应追求真正的富足生活，而不仅仅是感官上的满足。如果能全面发挥生理、心智、心灵的功能，就能拥有一个真正富足的人生。富足的意识和行为是一种生活方式，将你的思想、存在和目标永远放在创造更好的自己上。

　　第三福是"康宁"，它代表的是身体的通畅和健康，感官的敏锐开放，以及心灵的透明和安宁。这种康宁不仅是生理上的无病无痛，更是一种精神和情感上的深层平和与满足。

　　在生理层面，康宁意味着身体各系统运作顺畅，没有阻碍。这种状态不是偶然达到的，而是通过持续的自我照顾，如适度的运动、均衡的饮食和充足的休息，逐渐培养而成的。健康的身体是活跃生活的基石，使我们能够自由地追求个人的目标和梦想，享受生活的每一个瞬间。

　　在感官层面，康宁体现为感官的清晰和敏感。当我们的视觉、听觉、嗅觉、味觉和触觉都处于最佳状态时，我们能更深入地体验世界，更精确地理解周围的环境和情境。这不仅增加了生活的层次和色彩，还加深了我们与自然和社会的连接。

　　在心灵层面，康宁是一种深刻的内在平静和清晰。它是通过深度反思、冥想或其他心灵实践逐渐培养起来的。一个通透安宁的心灵能够看透生活的表象，达到一种超越日常烦恼的心境。这种心灵的状态让我们能够以更加平和和有洞察力的视角应对生活中的挑战，抵御外界的干扰，保持决策的明智和行为的恰当。

　　总之，康宁是一种全方位的健康状态，涵盖了身体的活力、感官的清晰和心灵的平静。这种全面的康宁使个体能够以最完整的状态体验生活，享受生命的每一个瞬间，并做出富有智慧的选择。通过追求和实现康宁，我们不仅提升了自己的生活质量，也为身边的人带来正面的影响。

第四福，"攸好德"，是一种心灵的召唤，它引导我们将天赋与激情结合，不仅为自己的生活添彩，更为世界带来光明。这不仅是才能的展现，而是一种生活的艺术，通过它，我们的存在变得有意义，我们的行动变得有力量。

如果你是一位艺术家，那你的画笔不仅捕捉世界的美，还启迪心灵；如果你是一位教师，你的智慧不仅传授知识，还点燃希望；如果你是一位科学家，你的创新不仅推动技术，还改变生活……这些身份都是"攸好德"的化身。用自己的才能和热情去触动他人的生活，使之变得更好，是"攸好德"的核心。

在"攸好德"的光芒下，每个人都可以成为一个故事的英雄。这不是简单的给予，而是一种深刻的共鸣，一种使命的感召。当你和你的孩子用自己的特长去帮助他人时，你不仅解决了一个问题，更在某种程度上重塑了世界。这种影响力是强大的，它能够跨越文化和国界，触动人心，激发更多的人投身于善的循环中。

此外，每一次微笑、每一个帮助的手势、每一次温暖的拥抱都是善的播种。这些看似微不足道的行为，实际上在无形中构筑了一个更为牢固的关系纽带，使我们的周围社会变得更加亲密和和谐。

"攸好德"是关于成就自我与贡献自我的完美融合。它不仅赋予我们个体生活的深度和广度，还让我们的存在成为他人生活中不可或缺的一部分。在这个过程中，我们不仅实现了自我价值的最大化，也真正体验到了作为一个全球公民的无限荣耀和喜悦。

因此，第四福"攸好德"是一场心灵的扬升，一种生活的升华，一次灵魂的洗礼。它让我们的生活不仅仅是为了生存，而是为了更高的意义——为了美好，为了爱，为了"大家一起好"的未来。在这个意义上，我们每个人都既是创造者，也是传承者，是自己命运的主宰，也是他人梦想的启明星。

第五福，"考终命"，是一个深刻而令人反思的概念，它让我们学会站在生命结束的时点上，运用"以终为始"的思维方式，思考我们在人生的舞台上应扮演怎样的角色，直到帷幕的最后降落。这不仅是一个生命的总结，更是一种精神的净化，一场心灵的回归。它要求我们在人生的每一步中尽力而为，追求一个更高的目标——完成我们来到这个世界的使命，并在生命的终章到来时，能够自豪地、无悔地面对自己的一生。

想象一下，当你站在生命的黄昏时，回望过去，看到的是一串串爱和成长的脚印。每一个选择、每一次挑战、每一段旅程都串联起你的人生故事，构成了一个完整的、丰富的、充满意义的生命画卷。这是一幅由勇气、激情、坚持和爱绘制的作品，它展示了你如何在风雨和阳光中前行，不断超越自我，不断地贡献、分享和爱。

"考终命"鼓励我们不畏惧生命的终结，而是以一种庄严和圣洁的态度迎接它。在这一生中，我们可能会遇到无数次的失败和挫折，但每一次都是成长的机会，是灵魂的磨炼。我们学会了原谅，学会了理解，学会了祝福，学会了坚持自己的信念，更重要的是，我们学会了爱——爱自己、爱他人、爱这个世界。

这种福分不仅仅是生命的长度，更是生命的深度和宽度。它不在乎你拥有了多少，而在乎你给予了多少；它不计较你达到了什么高度，而关注你探索到了什么深度。当生命的终点来临时，你可以自豪地说，自己没有辜负这一生，你把每一刻都活得充实而真实，并把这宝贵的思维用行动传承给了你的孩子。

"考终命"是一个提醒，告诉我们生命虽短，但可以活得精彩。它教会我们，即使在生命的最后一刻，也能展现出生命的尊严和价值。当我们在生命的终点，回望这一路走来的风景，心中没有怨言，没有遗憾，只有满满的感激和平和，这正是"考终命"的终极追求。

因此，第五福"考终命"不只是对生命尽头的一个深思，它是一个全面的生活态度，一个持续的实践过程。它鼓励我们活得有意义，活得有责任，活得有尊严，最终在人生的尽头，以一种无愧于心的状态，平静地迎接每个人都将到来的那一刻。这不仅是对自己的尊重，也是对生命最深切的礼赞。

我们可以随时用这"五福"人生理论，来反省自我，创造生命的无限可能，让自己的一生精彩纷呈。

第二章

实现家庭幸福的指南

1. 灵魂伴侣是培养出来的

在人生旅程中，寻求幸福的婚姻和培养一个聪慧灵动的孩子，不仅需要我们深入了解自己，更要找到那位能与我们心灵深处产生共鸣的灵魂伴侣。这位伴侣，他（她）就像是我们生命中的另外一个我，不仅与我们有共同的人生目标，还能在日常生活中互为补充。

"灵魂伴侣"这一概念，描述的是两个灵魂的深度连接——从相遇、相爱到深刻地相知，他们的关系在生活的历练中逐渐由浪漫的"爱情"升华为深厚的"亲情"，最终凝结为坚不可摧的"恩情"。这种关系的美妙之处在于，它超越了普通的爱恋，转化为一种生命中的深刻相知与相守。

真正的爱情，不是依赖，不是期待，不是索取，不是付出，不是崇拜。真正的爱情是一种超越了世俗评价的深层欣赏，是内心深处对对方独特价值的认可和珍视。在这样的关系中，双方彼此欣赏，彼此尊重，彼此珍惜，彼此疼爱，彼此互补，彼此成全。最后，经由这一生彼此间的生活协作，共同成就对方的完整性和幸福。

这种相互成就的关系，为婚姻注入了持久的活力和成长的动力，它教会我们如何在与另一半的生活中共同进步，通过相互支持和鼓励，使彼此的性格和人格达到更圆满、更完美的状态。

婚姻和育儿之旅本质上是一场心灵的旅程，它要求我们倾听内心的声音，不断学习和适应。没有人一开始就带着一切所需的技巧进入婚姻，也没有人一开始就带着对人性了解的一切智慧来养育孩子，这是一个不断学习和成长的过程。很多在婚姻里不快乐的人，有时会觉得问题出在另一半或者婚姻本身上；很多在养育孩子过程中痛苦的人，有时会觉得问题出在孩子身上。而真实的情况是，当这两件事情开始变得艰难的时候，往往是我们自己需要新的技巧和智慧，而不是我们需要新的配偶或者是怪罪孩子。

对于生命中的课题，你可以有两种态度来应对，一种是怨天尤人，甚至想要放弃；一种是把课题视为成长的礼物，用来扩展自己的视野，增强自己的智慧，让生命得以成长。正所谓是"烦恼即菩提"，意味着我们的困扰和挑战本身就是通向觉悟和成长的路径。而这一切都取决于你看待事情的观念和角度，每个人都在扮演着自己的角色，你为何不转念并去创造一个值得拥有的生命状态呢？

在探索幸福婚姻和培养聪明伶俐孩子的征程上，我们首先需要投入时间和心力去成长和理解自己，以及理解生命中那位特别的人——我们的灵魂伴侣。打造一个与自己心灵相通的伴侣，是构建持久关系的基石，无论现在你们的关系状态如何。

"夫妻同心，其利断金。"这句话不仅是对婚姻力量的赞美，也是对共同成长和深度理解的真正见证。在这样的环境中成长的孩子，如同一面镜子，映射出父母的行为、情感以及最深层的价值观。因此，成为一个好父母，首先是成为一个更好的自己，自我反省和完善是不可或缺的。

日本作家伊坂幸太郎曾说："一想到为人父母不需要考试，就觉得太可怕了。"1992年，科学家通过实验提出了"镜像神经元"理论，这个理论指出人类有模仿本能。人在执行某个行为，以及观察其他个体执行同一行为时，自身也会同步做出相同的行为。在某角度，这一神经元"镜像"了其他个体的行为，就如同自己在进行这一行为一样。比如看到别人吃酸李子，你也会流口水；比如你身边的人打哈欠，你也会跟着打哈欠；又比如你给孩子吐舌头，孩子也会向你吐舌头，等等。我们的孩子不仅仅在模仿我们的行为，更在无意识中复制我们的思维模式和情感反应。这意味着，我们如何生活、我们如何对待自己和他人，直接塑造了孩子的世界观和自我认知。

所以说，父母、家庭才是孩子真正的人生起跑线。教育的起跑线其实来自父母自身的思想和精神层次，因为孩子是通过镜像神经元模仿来学习的。因此，孩子不仅是我们的后代，也可以从另一角度来说，孩子是来成就父母的，他们是我们成长的催化剂。

如果想要培养出健康、智慧的孩子，父母需要投入时间去自我提升，尽可能地做理想的自己，将最好的自己展现给孩子。这不仅仅是通过言教，更通过身教——我们对生命的信念与认知、我们的生活方式、我们处理问题的方法、我们对待人际关系的态度、我们对学习的态度等等这一切，无声地影响孩子，奠定孩子早期教育的基础。

我们要在平时的一言一行中传递自己的价值观，切不要在矫正孩子上费神，因为孩子生命中的行为和思想是通过模仿学习父母而来的，而且模仿的速度很快，他会在不知不觉中学会耳濡目染的一切。孩子会从父母致力于生活的形象中接受到良好的教育，父母的这些"生活形象"是孩子最好的教科书。

基于以上的原因，每对夫妻都应当为自己的关系留出充分的时间来成长和磨合。在决定扩展家庭之前，应当增加一到两年甚至更长的时间，以深化对彼此的理解，升华关系中的爱情为更稳定和深刻的亲情。这个过程不仅可以增进夫妻间的相互理解，还可以作为个人成长的宝贵时期，使双方都有机会提升自我认识，丰富生命经验，最终为孩子营造一个更加和谐和充满爱的家庭环境。

在这段预备期中，夫妻可以享受二人世界的美好时光，也可以进行一些旅行，探索世界的广阔和多彩，以准备好全心投入未来的育儿生活中。这不仅是对自己和伴侣的投资，更是对未来孩子最好的准备，确保当新生命来临时，我们已经做好了全方位的准备，不仅物质基础稳固，精神和情感层面也更为成熟和完善。

2. 幸福家庭的秘诀

人生远非重复单调的日常生活或满足简单的生物需求，它不应被局限在一个循环往复的模式中：考大学、找工作、结婚、生子、养育子女，然后观看这一切在下一代中再次上演。生活本应是一场丰富多彩的冒险，充满有深度和有意义的探索。

当夫妻能够一起从生活的多个维度——长度、宽度、高度和深度——共同探索和思考人生的意义时，他们之间的关系便超越了日常的相处，升华为一种深厚的"灵魂友谊"。这种关系基于对彼此深刻的理解和共鸣，两个人不仅分享生活，更分享对生命的见解和梦想。

这种共鸣是在平日无数次深夜长谈中形成的，是在共同面对生活中的挑战时一同找到的解决方案中建立的。这样的伴侣关系，超越了传统意义上的爱情或伴侣的界限，你们因为彼此深入地理解对方的灵魂而变得不可分割。这种深度的连接，让两人在追求个人成长和实现共同目标的道路上变得坚不可摧。

当夫妻两人能够一起从人一生的"长度"上进行思考时，当你们俩共同深入探讨生命的有限与无常时，你们会看到所有物质存在都是暂时的，人生不过如白驹过隙般短暂。古人云："有身不久，皆当归土，形坏神去，寄住何贪"，"常者皆尽，高者亦堕，合会有离，生者有死"。这样的领悟带来了对生命和彼此的深刻珍惜，促使两人学会珍视当下，全心全意地享受每一个瞬间。

你们会认识到把生命每一个当下的感受叠加起来，这些连续的瞬间的总和，就是构成这一生的生命质量和意义的关键。你也就领悟到，真正的生活艺术在于体验——体验每一个瞬间的美好。这种共同的理解深化了夫妻之间的关系，使你们在生活中更加注重生命中每一刻的细节和感受。

当你们能够清晰地看到了生命终将结束的现实后，你们就会明白相处与独处的意义；当你们能够清晰地看到了生命的离别后，你们就会为了不要让这一生到头来发现没有真正地活过，而开始深度思考自我生命的意义，从而发现自己的天赋与价值，也会发自内心地要求自己，让这难得的此生创造出生命的价值。

在这种生命观的启发下，你们开始"看清楚"彼此以及你们的孩子，认识到每个人都是宝贵且独一无二的存在，每个人都有其独特的生命目的和角色。你会把他们当作是无上的荣耀，尊重他们，因为你能够清晰地看到他们身体里有一个和你一样的健全的灵魂，这个灵魂虽然穿着不同的"衣服"，有着不同的年龄和爱好，但在这些之内，却都包含着一个伟大的"生命目的"。

这种认知使得夫妻之间的关系变得更加懂得尊重和感恩。你们不再将对方视为理所当然的存在，而是看作是生命赐予的宝贵礼物。在这样的关系中，你们学会了放下对彼此的执着，感恩生命中那些使你们相遇的奇迹，并尊重对方的选择，懂得了相互成全的意义。这不仅是对对方的深爱，也是一种对生命深刻理解和尊重的表现。

在这个浩瀚无垠的宇宙中，你将慢慢明白，每个人不过是星尘间的短暂旅客。那些我们紧握不放的，如家中的每一件物品，每一份财富，甚至是我们深爱的伴侣和孩子们，都不曾真正属于我们，只不过是一种缘分安排我们暂时"使用"，这些所谓的拥有，从房产、车辆、存款，到深爱的人……宇宙中没有一个实体物质是真正意义上的"我的"，我们不过是在这个世界上的短暂的"使用者"。

而当提到你深爱的孩子，这个真理更显微妙。这些小生命通过你来到这个世界，但只是来到了你的生活中，而不是为你而来，也不为你所有。一旦我们理解了这一点，我们就会看到自己的角色——你只不过是拥有了养育他一段时间的特权，只是在他小的时候，在他还无法全权承担自我生命责任的这段时间，你们代为"托管教育"而已。孩子是他自己，他有他的生命路径，有他自己的生命任务和生命目的。所以，你需要和这个已经进入你世界的小生命建立某种友谊，你将会发现，养育孩子是一场双向的旅程。养育孩子的过程是你与孩子彼此成全、彼此建造、彼此祝福的过程。很多时候，孩子是一位小小的导师，在向父母学习的同时，也在教会我们拥有耐心、理解和尊重生命，向我们展示如何活得有意义。

正如诗人纪伯伦写的诗——

你的儿女其实不是你的

你的儿女，其实不是你的儿女。

他们是生命对于自身渴望而诞生的孩子。

他们借助你来到这世界，却非因你而来。

他们在你身旁，却并不属于你。

你可以给予他们的是你的爱，却不是你的想法；

因为他们有自己的思想。

你可以庇护的是他们的身体，却不是他们的灵魂；

因为他们的灵魂属于明天，属于你做梦也无法到达的明天。

你可以拼尽全力，变得像他们一样，

却不要让他们变得和你一样；

因为生命不会后退，也不在过去停留。

你是弓，儿女是从你那里射出的箭。

弓箭手望着未来之路上的箭靶，

他用尽力气将你拉开，使他的箭射得又快又远。

怀着快乐的心情，在弓箭手的手中弯曲吧，

因为他爱一路飞翔的箭，也爱无比稳定的弓。

当你发现，唯有当下可以把握；当你发现，你与你所爱的人在一起只是一种具有有限时间的短暂缘分，你也就会更加注重觉察每一个当下的感觉，珍惜每一个当下。你将重新审视你与周边世界的关系，释放那些无法带走的重负，怀着一颗感恩的心，与这些生命中的有情生命一起，勇敢地走好自己的人生之旅。

当夫妻两人能一起从"宇宙的高度"上进行了解和思考人生时，会发现，地球不过是一粒在广袤宇宙中飘浮的微尘，我们能够在这颗蓝色的美丽"尘埃"上生存，实在是一个不可思议且珍贵的奇迹。同时看到人暂居在地球上如一只蜉蝣，是多么的渺小，却又看到芸芸众生因局限于个人的视角，站在自我的角度，为了得到自己认为重要的东西，将生活中的琐事放大到令自己陷入恐惧和焦虑，让自己无法释怀，任凭自己在情绪和得失中沉浮。这些看似重要的琐事被无限放大，使自我在名利与欲望的引诱下沉沦，深陷情绪与得失的漩涡，全然认真地进入对各种人事物的执着中。在得失之间，让生命陷入无尽的痛苦之中，不能自拔，这一生就在这无尽的情绪中虚度，在无尽的痛苦中挣扎。

　　站在"宇宙的高度"，你们会真切地感受到，视野决定了人生的辽阔度；你会理解到"人生即演戏，演戏即人生"这句话的真实不虚，从此开始自己担任生活大戏的导演，学习如何主动编排自己的人生剧本。这种觉知力也会带你深刻理解"凡所有相，皆是虚妄"的智慧，在这个洞见下，你将开始选择你想在人生舞台上看到的风景，体验那些真正重要的事物。

　　更进一步，当你从"宇宙的高度"观察一切，你将看到生活本如梦幻泡影，如露亦如电，应当以这样的视角来观照一切。这种觉悟将促使你思考"自己是谁，从哪里来，到哪里去"，帮助你更加清晰地认识到自己生命的真正目的。在这种宏大的思考和澄明的觉知中，你和你的伴侣将能够超越日常生活的小烦恼，共同探索和塑造一个更有意义、更充实的共同生活。

站在这宏观的高度，你们会感受到人生仿佛一条蜿蜒曲折的大河。正如大河从未直行，人生亦无从一帆风顺。每一个河流的弯曲都孕育了生命的丰富，纳入了无数小溪，最终汇聚成浩瀚之水，奔向大海。在这条旅程中，生活的挑战和难题犹如河道上的转弯，为我们提供了暂缓奔流的机会，是生命中关键的转折点，这些时刻让我们得以停下脚步，重新审视和调整人生的航向。

正是这些生活的曲折和难关，塑造了我们的灵魂。人生中的挫折和困难像河流的转弯，是一个让灵魂慢下来的方法，让我们有机会沉淀思考，用来重新调整人生的方向，重新集结力量。这是成长的契机。这样你们才能一起去落实那些环绕在身边的美好，把每一次经历淬炼成宝贵经验，转化为内在的力量，把所学到的智慧留下来传递给他人。

当你们共同穿越这些人生的回环，你们不只是在为自己的生活添砖加瓦，更是在无形中影响和改变着周围的世界。你们的故事和智慧，像河流一般，流传开来，涵养着每一个与你们生活交织在一起的灵魂。这是一个美丽的过程，通过分享你们的经历和洞察，你们不仅自身得到了升华，也让这个世界因你们的存在而变得更加丰盈和温暖。

当夫妻两人能以人生的"宽度"去深入探索和理解生活的意义时，你们会逐渐领悟到"读万卷书，行万里路，阅人无数"的深刻含义。这不仅仅是关于广泛阅读、旅行遍览世界、与形形色色的人相遇的文字描述，更是一种生活的哲学。通过这种方式，你们不只是在使用自己的时间去理解这个多彩的世界、深入认识自己的内心和生命的奥秘，更是在与历史上的智者对话，站在那些先哲"巨人"的肩膀上，汲取他们对生活和生命的智慧。

这种学习和体验的累积，使得你们能够更具智慧地运用宝贵的生命时光，减少因无知而在生命探索中的徘徊和迷失。每一次阅读，每一段旅程，每一次人际交往，都转化为了生命中的珍贵资产，不仅丰富了你们的视野，也加深了对生活各种可能性的理解。这不仅是知识的积累，更是智慧的涌流，帮助你们在面对生活的选择时，能做出更为明智和精准的判断。

在这个过程中，你们会发现，每个人都可以是自己人生的导航者。借鉴历史上的智者所走过的路，听取他们的故事和经验，将会为你们未来的道路找到灯塔般的指引。这样的生活体验，让你们的每一天都充满了意义和目的，使得每一刻都变得珍贵无比，成为你们共同生活旅程中不可或缺的一部分。

当夫妻两人共同探索生命的"深度"，你们将开启一段独特而深刻的旅程。在这旅程中，你们会逐渐领悟到，生活不仅仅是物质和财富的累积。更重要的是，你们开始练习内心的平和与精神的充实，用心去感受和体悟生命的深层意义与价值。这种深度的探索使得你们不仅在外界生活中追求卓越，也在内心世界追求丰富和完整。

这个过程中，生活的每一个细节都变得意义非凡。共享一杯咖啡的时刻，共同阅读一本书的安静，抑或是在一次旅行中共同体验的奇迹，都不再仅仅是表面的活动，而是成为深刻连接和相互理解的桥梁。通过这种方式，每一天都不再是平凡的重复，而是成为精彩的一天。

这样的生活让两人不仅累积共同的回忆，更在精神上达到了新的高度。他们学会了如何在现实的世界中找到平衡，如何在日常的喧嚣中保持心灵的宁静。最终，你们活出了一个内外皆精彩的人生，不仅物质上富足，更在精神上自由和充实。这种生活不仅是你们自己的成就，也逐渐成为周围人的灵感来源。

在这种关系中，每个人都是对方成长道路上的助力，你们一起欣赏生活中的美好，共同攻克难关，相互启发，相互支持。每一次的共鸣都加深了你们的理解，每一次的支持都加固了你们的关系。这不仅是一种生活的共享，更是灵魂的交融。

这种"灵魂伴侣"的关系使得生活不再是简单的存在，而是变成了一场富有创造力和探索性的旅程。夫妻不再仅仅是生活的伴侣，更成为对方精神上的灯塔、心灵上的依靠。这样的亲密关系，使得两人在任何生活情境下都能感受到彼此的存在和影响。

因此，在这种深度共鸣的基础上，夫妻关系被赋予了新的意义，不仅是生活的同行者，更是彼此生命故事的共同创作者。在这样的关系中，人生的每一个阶段都充满了共同探索的乐趣和成就感，每一个经历都是对这种"灵魂友谊"的进一步证明。你们共同的生命旅程，充满了理解、尊重和无尽的爱，这种美好至极的人生态度，最终也会传递给你们的孩子，影响到下一代，使这份美丽的遗产得以延续。

3. 家中出"贵子"的心法

在《道德经》中，有这样一段智慧："合抱之木，生于毫末；九层之台，起于累土；千里之行，始于足下。"这些句子不仅描绘了事物由简至繁的自然规律，也象征了家族世代积累的深远影响。真正的财富和自由，往往是几代人坚持不懈努力的成果。父母的生活方式和生命态度，将深刻影响孩子的健康和幸福，正如老话所言："三代才能培养一个'贵族'。"这里的"贵"不仅指物质的丰富，更是一种来自深层次的内在修养，是家族世代以来积累的厚德所浸润的结果。

　　因此，我们每个人的奋斗，是从自身做起，从日常生活的细节开始关注。从和伴侣的和谐相处，到对子女的教育，我们都应承担起自我完善的责任。父母要做到不断尝试突破自我思想的限制，打破固有的认知框架，拓展自我认知的边界。建立起"为自己生命负责"的家庭价值观，这意味着从小事做起，无论是饮食起居，还是兴趣爱好、生活美学，或是心胸格局，以及对生活的态度，每一环都是自我提升的机会。孝敬老人、互助邻里这些行为看似小事，实则是生活智慧的体现，也是完善自我、传递正能量的重要途径。

　　在这一切的基础上，作为父母，我们要相信生命自有其规律，尊重和敬畏这一规律，信任孩子的潜力。理解孩子通过模仿学习——借助神经镜像的原理——从而自然而然地复刻父母的行为模式。知晓父母先行做到、孩子自然做到的自然规律，让孩子经由父母成为他自己，培养孩子学会自主学习，帮助孩子找到并引导他立志完成此生的使命。

　　通过这种教育，我们不仅传授知识，更是在培养下一代的能力，使他们能自立于世界，承担起自己的人生责任。这种教育理念，不在于追求显赫一时的成功，而是培养一种持续不断的内在成长和自我超越的力量。

　　作为父母，我们的角色并非孩子生命的主宰者，而是他们成长道路上的指引者和支持者。我们不应将孩子视为私有财

产，把自己的期望和梦想强加于他们。孩子拥有自己的生命脉络，他们带着独特的目的和使命来到这个世界。他们通过我们来到这里，但他们的人生归他们自己所有。

真正的爱，是理性而深远的。它意味着在孩子幼年时便开始培养他们的独立意识，从小事做起，逐步教会他们如何为自己的行为和选择负责。这不是一件简单的事，它要求我们在关爱中保持一定的距离，允许孩子犯错，让他们从这些错误中学习和成长。

我们的任务是陪伴他们成长，提供必要的支持和指导，然后逐渐地，一步一步地，将生命的权利和义务交还给他们。这意味着，我们需要学会逐渐放手，让孩子在生活的风浪中自行航行。这不是放弃，而是一种信任和勇气的表达——信任孩子有能力掌控自己的生命，勇敢地看着他们独立成长。

让我们把作为父母的旅程变成一场美丽的释放：不是放弃引导，而是从控制转为支持，从主导转为观察，最终让孩子在自己的世界中自由飞翔。这样，当我们看到他们承担起生命的重任，以自己的方式解决问题和迎接挑战时，我们会感到一种深深的满足和骄傲。这是孩子成长的真正见证，也是我们作为父母最宝贵的成就。

作为父母，我们的角色远不止是生养子女，更是引导他们成为独立而有洞察力的个体。在孩子还小的时候，我们就应该树立他们作为"独立生命个体"的认识。如果我们足够睿智，我们不会把孩子当成"自己的孩子"，这样我们就能减少因父母亲情过度所产生的情感依赖，失却客观的观察角度，从而产生盲点。

《大学》中有言："好而知其恶，恶而知其美者，天下鲜矣。故谚有之曰：'人莫知其子之恶，莫知其苗之硕'。"这说明我们常常被自己的偏好和厌恶影响，以此来评价事物的好坏。这种情感的偏见往往会导致我们在行为上的失误，特别是在对待自己孩子的时候。当我们带着对自己孩子过分喜爱的情感去对待孩子的时候，我们往往失去了客观的角度，看不到孩子身上的问题与恶习，有时甚至把问题或恶习当作好行为而加以鼓励，无意中培养出他们不良的习惯或者性格特点。孩子形成思维和行为习惯后，最后造成难以收拾的结果。

比如，在家里招待客人时，有些孩子由于虚荣的心理，想要引起关注，不会顾及客人的感受，用各种夸张的行为来表现自己，想赢得客人的注意和夸奖。客人会因为尊重而不好意思打断，只能应和着孩子的种种"表演"。父母只是因为对孩子的偏爱而盲目鼓励这种行为，不断通过夸奖或激将的方式让孩子更加"疯狂"。这样的培养方式，会导致孩子以自我为中心，爱出风头，表现欲强，争强好胜，心性浮躁，在意外在评价，无法感受他人的感受，难以长时间专注地学习和探索。

再比如，孩子在餐厅、高铁等公共场合大声喧哗、打闹，孩子因在自己的世界中，没有意识到狭小空间给他人带来的影响，也没有感受到他人的感受，他人也因尊重孩子年龄小，照顾和理解孩子的行为。这时，作为父母，无论你的孩子在你眼中表现得多么可爱，你都不能因为自己爱孩子的情感，忽略了孩子对他人的干扰，放纵甚至还鼓励他继续下去。无论怎样，你都有责任让孩子安静下来，在这种公共环境下，我们应该抓住每一个教育机会，帮助孩子学习并实践同理心，让他们了解在公共场合保持适当行为的重要性。这不仅是关于行为的规范，更有利于培养孩子尊重他人也懂得被尊重的优良品质。这样的教育，是对孩子未来社交能力和人际关系的重要投资，帮助他们成长为社会中负责任和被尊敬的成员。

为人父母，需要智慧，需要对人性感而遂通，需要理性与感性的平衡，需要在爱与规则中平衡，需要在观察与理解中行动。

为此，父母需要运用一种被称为"归零"的智慧，这意味着在认识和理解孩子时，我们应当抛开只从父母这单一观察角度作为判断与处理问题的标准，从一个全新的、客观的视角出发。这不仅是一种观察的方式，更是一种哲学——"无为而无不为"的智慧。这种方式强调的是对现实的尊重，不盲目介入，而是通过仔细观察和设身处地的感受，全面了解孩子的行为和需求。

在实际应用中，这种方法不仅帮助父母预见并未雨绸缪地处理可能发生的问题，也帮助我们妥善解决已经出现的具体事务。重要的是认识到，孩子表现出的每一个行为背后，都可能有不同的心理模式。因此，解决问题的方法也需要根据情况灵活调整。

父母的角色远超过学校的教育范畴，我们需要帮助孩子观察和了解这个世界，教会他们感受他人，引导他们正确地看待与处理生命中的事件，这对一个孩子的成长至关重要，也是学校不教，但父母必须教的事情。通过这样的引导，孩子不仅会学会如何与这个世界和谐相处，还会学会如何成为一个有责任感和同理心的人。这一过程，对每位父母来说，是一场深刻的学习和自我提升的旅程。

4. 家庭养育的和谐之道

成为父母，意味着掌握生命中一种精妙的平衡艺术——在养育中保持恰当的平衡。若处理不当，即便是出于爱的行为，也可能演变成无形的"毒药"，所有的慷慨付出，也可能成为不可预料的"灾难"。

首先，父母必须洞察"爱"的真正本质，而非单纯以个人的情感执念来定义"爱"。就好像不要把自然界中水往低处流的自然现象和客观规律，非要说成所有小河大河都欢快地投入大海"母亲"的怀抱一样。

我们应当借鉴道家"一叶知秋"的智慧，通过看似微不足道的迹象，洞察背后的深远意义。《易经》的智慧亦给我们提供了从"变易"看到"简易"再找到"不易"的思维方法。从纷繁复杂的变化中寻找简明的本质，进而把握恒久不变的真理。

正如古希腊哲学家赫拉克利特所言："万物流转"，而经典中也告诉我们"诸行无常"。这些思想共同揭示了一个宇宙间的永恒真理：天地间唯一不变的就是"变化"。在这种连续的变化中，我们可以发现其内在的规律。一旦这些规律被理解和总结，它们就变成了简明的原理。无论外界如何变幻莫测，把握这些不变的规律，我们就能在纷繁变化的生活中找到恒定的答案，从而实现恰当的应对，轻松地"以不变应万变"。

作为父母，如果一直追求外界各种教育方法与资讯的变化，试图在这些变化中，掌控未来，这只能是徒劳无益了，注定要在不断折腾中，随波逐流，失去对自我命运的主宰，也使得孩子效仿，活得辛苦而无助，到头来竹篮打水一场空。

《道德经》有言："天之道，损有余而补不足；人之道则不然，损不足以奉有余。"而在西方经典中，也有类似的思想：

"凡拥有的，还会得到更多，使他富足；没有的，连他所拥有的也会被夺走。"这反映了越有能量的人，生命就会越富足。

《道德经》也曾述说："昔之得一者：天得一以清，地得一以宁，神得一以灵，谷得一以盈，万物得一以生，侯王得一以为天下正。"在中国古代，人的能量被称为"德"，而《易经》中的"厚德载物"讲述了我们生命的意义在于"得一"即增加自己的能量，所有生命活动本质上都是为了能量的收集与存储。厚德，这种动力被写在我们的基因中。

"爱"的核心本质是能量的交换和流转，这是推动生命的根本动力。爱，是我们进行各种生命活动的动力源泉。在养育孩子的过程中，父母通过爱将生命的能量传递给这个与他们有缘的新生命。在这一过程中，父母的任务是帮助孩子学会自行收集和储存这种能量，而孩子学习的本质就是逐渐承担起自己的生命责任，学习如何主动为自己的生命积累力量。

"教育"的本质，是通过"爱"的播撒，帮助孩子从依赖父母的哺育逐渐过渡到自我养育，再到掌握能量自我生成和储藏的整个过程。这个成长的历程涵盖了父母的养育、老师的教导以及个人的终身学习三个阶段。"爱"像流水，从高向低流。当孩子还小的时候，父母通过"爱"将能量传递给孩子；随着孩子逐渐长大，在父母关爱的同时，老师也开始承担起传递"爱"的任务，直到孩子学会了"自爱"，能够自主地为自己的生命添砖加瓦，学会了自行收集和储存能量。最终，当孩子成长为成熟的个体，他们会因为内心能量充盈，便自然而然地学会爱他人，将自己积累的能量流向那些需要他们的人。

作为父母，如果你希望始终不渝地表达对孩子的"爱"，那么唯一的方法就是承担起自己生命的责任，让自己的内在力量不断增强，这样"爱"就能在你和孩子之间自由流转，保持其活力和纯净。在接受孩子对你的爱的同时，你也能将你的爱回馈给他，这是一件多么美妙的事情。然而，如果父母忽视个人的成长，当孩子成长后，这种所谓的"爱"可能会变成一种用情感绑架孩子的沉重负担。

世界上有三种人：先知先觉者、后知后觉者和不知不觉者。作为父母，我们应当属于先知先觉者。"既爱其子，为子远谋。"视野决定格局，格局决定行动。在面对未来时代颠覆性的变化时，家庭教育的重点应从单一关注学业成绩转变为更加重视孩子的天赋和个性化发展，关注培养孩子的心性和思维能力，特别是培养具有深层思考和创新能力的杰出人才。未来的社会有解决一系列重大问题或创新的需求，将急需这类人才。

真正有智慧的教育，源于父母和老师的榜样作用。我们要学习如何在这种不断变化的世界中，为孩子提供一个稳定而有爱的养育环境。通过理解并应用这些古老而深奥的生命智慧，我们活出了令孩子心生向往的生活方式和生命模样，激励孩子，使孩子自然而然地向往成为更好的人。这种教育效果能够达到"圣人无为而治，无言而教"的境界。我们自己首先需要深入理解生命的真谛，当我们通过各种人生经历和体验真正理解了生命的本质后，我们不仅能更好地理解孩子，也能更加有效地引导他们成长，使他们成为能独立应对生活变故的强大个体。

在养育的伟大征途中，每一个孩子都是独特的存在。要想孩子们心灵丰满、阳光向上，父母必须深刻关注那种充满爱与深情的养育过程。在孩子们需要帮助的关键时刻，父母的智慧指引和坚定支持，这之于孩子是"恩"，本质上是一种无条件的爱的体现。如果缺乏这样的养育之恩，我们又怎能触及孩子的心灵深处，又怎能通过身教言教来引导他们？

同时，父母在做好自己的同时，还应当在孩子年幼时教会他们生活的规则与界限，并明确如果逾越这些界限将会面临的后果和需要承担的责任。正所谓"没有规矩，不成方圆"，这是对孩子的"威"。如果只有"恩"而缺乏"威"，孩子可能会任情绪放纵，用情绪操控父母和家人，变得消极不前；而只有"威"没有"恩"，则可能让孩子感到恐惧和压抑，扼杀其创造力。因此，恩威并用，恩威均衡，才能平衡生命成长过程中出现的问题，才能让孩子在自信中健康成长。但是如果不平衡，那孩子会找出各种退缩的理由。

《黄帝阴符经》中言："恩生于害，害生于恩。"《道德经》亦曰："祸兮，福之所倚；福兮，祸之所伏。"这两句经典揭示了事物间的相生相克，说明了事物发展总是朝着对立面转化。人生的旅程往往是恩与害、福与祸交织而行，它们如硬币的两面，不断地转换。过度的宠爱、过度的恩情，或者过度的严厉、过度的管教，都会造成"祸""害"的后果。

因此，作为父母，在倾注爱心的同时，也要保持一种高度理性和感性的平衡。尽管抚养孩子长大成人是父母的责任和义务，但在给予孩子无条件的爱时，也要保持理性。如果在孩子成长过程中失去理性，疼爱失度，给予过多的溺爱，孩子需要什么，父母千方百计地满足孩子的需求，尽情满足孩子的需要，其结果，会适得其反，会使孩子失去了独立精神，凡事只想依赖，推脱自己该承担的责任，甚至促成孩子失去道德和理智，父母因而自食恶果。

父母的责任远不止给予孩子一个充满安全与爱的环境；更重要的，是教会孩子从小开始学习承担生活的责任。这意味着给孩子更多的机会自己动手做事，鼓励他们独立思考与行动，创造出挑战和磨炼的机会，让他们在逆境中经历考验，从中汲取经验，塑造成真正的强者。毕竟，人都是在不断的挑战与锻炼中成长和成熟的。过度的溺爱，那种偏离度量的"恩"，会不幸地将孩子推向毁灭的深渊。

教会孩子承担责任，本质上是在为孩子铺设通往"人生高峰"的垫脚石。就如同自然界中，当雏鹰长大到一定时候，母鹰会无情地将其推出巢穴。这种看似残忍的举动，实际上教会了雏鹰如何振翅高飞，让它们理解自己在这个世界的使命。如果母鹰出于对雏鹰的爱，将其留在温暖的巢中，那么雏鹰最终将在残酷的自然法则中消亡。动物界尚且无法逃脱这生存的铁律，作为人类的我们，更应保持一种高度理性的爱，那种必要的严厉，是帮助孩子在人生的广阔天空中自由飞翔的关键。

因此，作为父母，我们的爱不仅要包容，更要充满智慧与远见。只有这样，孩子们才能学会在风雨中矗立不倒，最终成为能够自我驾驭，勇敢面对世界的人。

要培养孩子热爱学习的优秀品格，父母需要在孩子的幼儿时期，学会运用一种看似矛盾的智慧——"驱耕夫之牛，令他苗稼丰登；夺饥人之食，令他永绝饥渴"。不要轻易满足孩子对知识的渴望，或给予需要学习的内容，要在孩子的心灵上形成一种"无论如何都想得到"的饥饿状态。这种状态，可以令孩子对未知事物保持强烈的好奇心，激发他进一步去探索真相的欲望。如果父母总是轻易给予知识上的灌输，甚至于过多地满足孩子的学习需求，孩子往往缺乏主动学习的动力。

教育中最大的牵引力来自"不满足"，这种求知的欲望能激发孩子的好奇心、专注力、意志力和勤奋精神。可以说，人只有在不满足的状态下，才会努力追求更好。不言而喻，孩子也需要这种饥渴的状态。为了激发孩子对学习的兴趣，父母就要创造一种牵引其渴望的饥饿状态，使孩子自己认识到满足学习欲望的必要性。"将欲予之，必先取之"，这也是道家智慧之于教育的意义。

相似的，就算是孩子拥有堆积如山的玩具，并且还认为是理所当然时，孩子也会对玩玩具失去兴趣。如果孩子被不断地迫使去玩游戏，并且还要在规定的时间内完成过关任务，并且做出考核标准，不过关或者不完成规定的内容就要受到相应的惩罚，这种被强加的游戏变成了负担，孩子自然会产生反感，孩子自然也会对游戏产生厌恶。同样的，当学习任务铺天盖地而来，孩子如果被迫完成，他们自然会对学习产生厌恶。反之，当孩子有欲望得不到立即满足时，他就会通过努力去满足自己的欲望，尝试实现自己的目标。给的同时，不给也是一种教育。

同理，对于婴幼儿，父母要具备忍受孩子哭闹情绪的勇气，还要有耐心和决心等到孩子饥饿状态的饱和点。父母最重要的责任在于弄清给孩子什么，什么时候给，并且要使孩子真正渴望这些东西。

第二章 实现家庭幸福的指南

在孩子成长的每一个阶段，让他的渴望处于未满足的饥饿状态，这正是激发孩子依靠自己的力量去实现愿望的方法。得来容易，不知珍惜。如果孩子的每一个愿望都轻易被满足，他们自然不会学会努力争取，更无法培养出专注力和意志力。给予过于简单的满足，这种教育方法终将培养出一个不懂得感恩，不知努力，不尊重父母，且自身不快乐的孩子。

在家庭的微妙生态中，还存在一种现象，某些父母因为自我存在感不足，总是担心自己无法满足孩子，恐惧孩子会对他们不满。他们误以为无休止地迎合孩子的每一个愿望，满足每一个需求，是他们作为父母的职责。然而在这个孩子要什么就给什么的无限满足过程中，父母否定了自己对孩子的成长具有最重要的意义，逐渐失去了应有的权威性，最终沦为孩子情感绑架的"奴隶"。

父母真正的职责，应该是为孩子设定目标，并支持他们自己去努力实现这些目标。只有当父母保持适当的权威，孩子才会持续不断地努力，不断追求更高的目标。

对孩子而言，父母对他们提出的问题认真回答的态度极其重要。这种认真的态度不仅表明父母对孩子的尊重，也能极大地激发孩子的好奇心，让孩子感受到自己的问题被重视，有探索的价值。相反，如果父母对孩子的问题敷衍塞责，只是为了省事而草率回答，这种行为会让孩子感到失望，使他觉得自己所提的问题可能不值得认真对待，有可能自此就结束了他探求知识的愿望。对孩子来说，更多时候需要的并不是理解问题，或者给出一个正确的答案，而是父母为培养这颗好不容易才具有好奇心的"种子"做出的努力。

第二章　实现家庭幸福的指南

第三章

主动创造自己
想要的人生

1. 掌握新时代赢家法则

我们生活在一个科技迅猛发展、信息爆炸的时代，知识获取变得前所未有的简单，这些瞬息万变的变化有时让我们措手不及。在这个快速进步的时代，如若不变，我们可能会被时代的列车抛在后面。尽管人们口头上不断强调"未来已来""教育应为未来而教"，但这些概念往往仅停留在口号阶段。究竟应该如何调整我们的生活和教育模式以适应这种快速的变化？是应该重视孩子的考试成绩，还是发展他们的天赋？是加强知识记忆，还是培养独立的思考能力？或是两者兼顾？

我们之所以迷茫，正如古诗所言："不识庐山真面目，只缘身在此山中。"当身处趋势之中时，我们往往看不清趋势本身。如果你无法清晰地识别未来的发展方向，就像被困在迷宫中的人一样，只能通过不断的尝试和错误来寻找出路。然而，要找到通向未来的路径，最有效的方法是学会从高处观察，或退后一步，超脱出当下，甚至超越时间的限制，超越人类的思维习性。越是能从更远的距离观察，我们对未来的洞察就越清晰。

历史上那些能够做到这一点的人物，我们都无比敬仰和熟悉：佛陀脱离了皇宫和家庭，退到世俗之外；耶稣超越了人类层面，直面上帝；老子超脱了尘世，回归自然；莎士比亚透过人性的复杂，洞悉人类情感的纠葛；爱因斯坦跳出地球，洞察了时间的相对性；高斯从小就会退一步，会用最快的思维算出从一加到一百的答案，以其超凡的智慧，洞察数学之美。《道德经》写着："不出户，已知天下；不窥牖，已见天道。"当我们也能学会这种"退"的思维，我们将能像电影《超体》中的主角那样，让自己的感知超越时间限制，在心中翻阅地球及人类的过去和未来，洞察历史与未来的循环往复，只因为人性亘古的不变，从而看清人类不变的本质和未来的方向。

　　随着我们眼前这个世界的剧情迅速展开，科技正在重塑我们的现实。当你能将心中预见的画面与现实世界的激变相结合时，你内心的定位将变得异常清晰，也会明白如何为孩子的教育指引方向和目标。在这一过程中，古老智慧的言语"反也者，道之动也。弱也者，道之用也。天下之物，生于有，有生于无"为我们指明了行动的原则，提醒我们从无中生有的创造原则出发，将我们的视野和理解扩展到更加辽阔的层次。

　　在这个瞬息万变的舞台上，人工智能的突破已经超出了我们的想象。机器人不仅正在逐渐发展成"类人"的存在，还在许多方面超越了人类的能力。从云端支持的量子计算机到阿尔法狗战胜围棋世界冠军，从弹奏钢琴的AI机器人到获得公民身份的索菲娅，机器人的能力展示令人瞩目。它们不仅能制作美食，执行精细动作，甚至还能驾驶汽车，未来可能替人类完成购物等日常任务……这些案例虽然只是初露端倪，但不可否认地将人工智能的强大功能暴露无遗。

面对这样的技术革新，我们还应该坚持传统的教育方法吗？让孩子们与机器人在记忆力和技能上竞争显然已非明智之举。从科技的角度出发，教育的未来应该侧重于让孩子们从现在开始深思自己的人生意义，探索并发掘他们真正的兴趣和潜能。通过培养"一叶知秋"的敏锐洞察力和机器无法模拟的"软实力"，孩子们将能在未来与AI合作，共同解决地球上的实际问题。

这样的教育不仅是技能的传授，更是一种智慧的启发，教会孩子们如何在机器的世界中找到自己的位置，如何利用这些进步的工具来增强人类的生活质量和解决长期问题。这种前瞻性的思维和教育方向，是我们赋予下一代以创造和变革力量的关键。

我们已经步入了一个心灵觉醒的新时代，越来越多的人开始由浮躁的外在追求转向内心的深刻反省。然而，人类的发展面临着双向的挑战和机遇：一方面是科技的迅猛进步，这不仅颠覆了我们的技术格局，更在重塑我们的生命观念。科学家的发展可能在不久的将来，使人类的意识得以上传至机器人之中，如同电影《银翼杀手2049》所描绘的那样，人类在临终时可以选择将意识转移到机器，实现某种形式的"不朽"。

另一方面，随着机器人技术的普及和电子产品的泛滥，以及元宇宙概念的提出，我们见证了娱乐至上的文化日渐盛行。越来越多的人沉迷于虚拟的游戏和娱乐节目，这种生活方式正在逐渐导致身体的懒惰和思维的简化。方便快捷的生活方式可以支持他们不再需要繁重的劳动，也无须思考。这种现象在电影《机器人总动员》中有着先见之明的描绘，展示了一个未来人类因依赖科技和娱乐而导致生理和心理退化的社会。

这样的未来前景提出了一个紧迫的问题：我们现在应该如何准备？教育的方式应该怎样优化？

随着科技产品朝着更加简洁美观的方向发展，将艺术美学融入科技创新将成为未来竞争的关键。未来教育的重点应该放在培养创新能力和艺术感知上。未来生产者内含的艺术成分越高，创造能力就越强。谁能够给产品提供最昂贵且惊艳的部分——极致美学，谁的生存能力也就越强。所以说，与科技链接最紧密的是美学、艺术，目前，这方面的教育迫切需要加强。

在全球化的背景下，信息的同步传播和国际合作的深化正将世界变成一个真正的地球村。同时，面对环境污染和自然生态的恶化，未来社会的生存将不再是简单的输赢游戏，而是需要全球居民的团结协作，共同应对气候变化和环境危机。

这一系列的挑战和机遇要求我们重新思考和优化现有的教育模式，不仅要教会下一代如何使用和创新科技，更要教育他们如何在这个快速变化的世界中寻找到自己的位置，发挥自己的独特能力，为构建一个更加和谐可持续的未来做出贡献。

在这个迅速变化的时代，拥有自由展现天赋的个体将成为提升生命质量和幸福感的关键。面对多变的未来，自由不受限的天赋，将是提升生命质量与幸福指数的关键。在未来的挑战中，那些仅擅长应对标准化考试的孩子可能会发现自己处于被动，而那些富有想象力、创造力和行动力的人将如鱼得水。

只要我们和孩子找到自己真正喜欢并擅长做的事，激发出生命本有的热情，发挥天赋，并将人生最关键的事情做到极致，人生就将像花开一样灿烂美好。

这种思维的无限和无框架特性，加上超强的行动力，已经让许多年轻的天才提前接班了未来。从15岁的马拉拉争取世界女性教育权益并获得国际和平奖，到5岁的凯瑟琳为非洲疟疾筹款，从18岁的米兰·卡基发明太阳能板，到15岁的托马斯·安佐卡发明快速检测癌症方法，再到高三华裔少女姚佳韵发现降解塑料的天然方法，以及10岁出版著作的日本小哲学家中岛芭旺和13岁出版著作《少年遇到拿破仑》、启发人们思考生命的中国少年仲晋锐——这些年轻人已经显示出他们的非凡能力。

面对未来的挑战和变化，作为父母，我们不应焦虑，更不能逃避，而应信任孩子，信任生命。我们必须理解时代的发展趋势，进行思维和心态的转变，思考我们和孩子与这个世界的距离，跟上新时代的潮流，并通过实际行动使全家踏上时代的浪潮，顺势而为。

未来，不是比谁更快，而是比谁的眼光与视野更远，如果我们故步自封，最终只会被时代的巨浪所吞噬，沉没在旧世界的旧考场里。

未来会有更多的孩子，靠他们的天赋与创意，自由地生活在这个世界上。

2. 支持梦想成真的方法

若你渴望孩子未来能够自立自强，并实现自己的梦想，你就要先这样做。当你寻着了梦想成真的路，你的孩子顺着你的方向和经验也能够轻而易举地成功。

梦想的实现绝非偶然，而是有迹可循。正如一句智慧的箴言所言：渴望的人将寻得满足，探索的人将发现真理。这不仅是生活的法则，也是科学探索中的常见现象。

观察者决定观察结果。

在量子力学的领域里，科学家们坚信所有问题的答案都隐藏在物质的核心——原子结构内。在这个微观的宇宙中，原子就像一个微型太阳系，其中的电子，像绕着太阳运行的行星，围绕着原子核旋转。电子可以存在于原子的多个轨道上，这个行为与行星截然不同。当电子受热或受到能量影响时，它可以从一个轨道跃迁到另一个，这个过程中电子会吸收或释放能量，表现为光的形式。这种从一个能级到另一个能级的跳跃，我们称之为"量子跃迁"。

现在，想象一下你自己就是那个"电子"，将电子的不同轨道视为人生中的不同领域或机会，而电子的跃迁就是你在这些领域之间的转换和尝试。通过在不同领域间"跨界"，你就能探索新的可能性，释放出自己的潜能，如同电子在跃迁时释放光一样，照亮你的人生道路。

如果你渴望改变自己的命运轨迹，让生活在多个领域中自由切换，散发出你独特的生活火花，让自己的存在发光，体验多样的生活状态，成为一个能同时应对多重任务的多维青年，这一切的基础都是"激活自我"。所谓的"激活自我"，即是提升自我内在的活力，改变自我的生活方式，寻找并投身于自己热爱的领域，带着内心的热情与兴奋，每天不断地采取行动，享受这个过程，做自己最享受、最擅长并能造福他人的事。当你能从被动地随波逐流转变为主动地激活自己的生活方式时，你就成了自己生活的造物主，一位真正的"人生规划师"。

我们的内在状态决定了我们的思考方式，思考又会转化为行动，行动会启动我们的成就。当你全心相信自己的思考和创造，你就会自然而然地体验到那些你在心中构建的成就。

成功的关键在于是否真心相信自己的目标和梦想。一种充满热情的信念状态将会把你脑中的想象转变为现实。通过将自己的想法、行为、言语和感受调整到"现在已经实现"的状态，用"我是……"来表达，将正在进行的过程转化为已经完成的状态。要想快速看到成果，正确的做法是增强你的信念的确定性。要成为富有的人，不是尝试变得富有；要成为成功的人，不是单纯想要成功；要成为快乐的人，不是追求快乐。一旦你做出这样的决定，自己便成为这条生活轨道上正积极"激活"的粒子。

在你的思维中清晰地描绘出自己的目标，目标越明确，你实现它的速度就越快。

对于那些创造者来说，在这个充满热情和乐趣的过程中，将梦想变为现实的过程就像是一场轻松愉快的游戏。尽管在实现梦想的路上会遇到各种挑战，但整个创造过程本身就是一种享受，不必太过担心最终的结果。因为对于创造者来说，他们在脑海中已经实现了梦想，这个过程带来的满足感是他们最大的快乐。最终，结果会自然而然地显现，这正是心想事成的魅力！

现在，就用你的生活去验证这种方法的神奇效果吧，然后把这个秘诀传递给你的孩子，让他们也能够用这种积极有效的方法，将自己的人生演绎得色彩斑斓，精彩无限！这不仅是一种技能的传授，更是一种生活的艺术和对未来的美好期待。

3. 展望蓝图　清晰计划

你的视野决定了你的人生版图，生命一切的迷茫都来自对自己的定位不清晰。如果你没有足够宽广的视野，也就没有清晰的人生目标，更不知生命当下在哪个阶段，这个阶段应该做些什么。所以，你会对生命的未知产生恐惧，而如果你周围人也充满这种焦虑情绪，那么可想而知你生命的状态和质量如何。

我们曾提到一个有趣的实验——"节拍器实验"，在这个实验中，许多节拍器被放置在一个能使它们摇摆的平台上，每个节拍器开始时都按照自己的节奏摇摆。但不久，所有的节拍器竟然开始以同一个节奏一起摇摆。这证明了频率是可以流动和相互影响的。

人很大程度上是环境的产物，我们受到周围环境的极大影响。如果你意识不到周围环境对自己的影响，你可能会在不知不觉中被周围的环境所左右。很多时候，你认为是自己经过深思熟虑作出的决定，实际上可能已经受到了周遭波动的潜在影响。这就是为什么了解和调整自己的"频率"变得如此重要，它可以帮助你清晰地定义自己的人生目标和行动路径，从而走出迷茫，找到自己真正想要的生活方向。

"我命由我不由天"这句话充满了力量和决心。它讲述的是一个人，一个深刻理解自己生命、使命并对自己人生各阶段有清晰认识的人。这个"我"拥有一种非凡的力量，能够在生命的尽头找到新的开始，从每一个角度全面地审视自己的生命旅程。

这样的人能从出生的角度看到人生的宝贵，从而珍惜每一刻；同时，他们也能从死亡的角度汲取无穷的力量，使自己变得勇敢而镇定。他们能通过一个超越常规的视角，让未来的自己指引现在的自己，实现自我信任。

更进一步，他们能够绘制一份清晰而具体的生命蓝图，并致力于将其变为现实。这不仅是对个人命运的掌控，也是对生命最深刻的领悟。这种能力不是来自外部，而是源自内在的觉醒和自我实现的力量。

生命实际上是你内心的思维的外在展现，它呈现了你能在内心"视见"的蓝图，以及你的想法和理解。想象力、活力和行动力一同将你的思维转化为你的生活经历和你在物质世界中能识别的实体。当人生重新聚焦于生命的核心时，你就拥有了从无到有的创造力，能够将内在视角中"看到"的生命蓝图实实在在地呈现在现实世界中。

一段简单的古老智慧也表达了同样的观念："你所求的，无论是什么，只要信，你就已经拥有了。"因为你在内心"看见"，你便开始相信；因为你相信，你就可以通过行动来实现这些想法。

我们成为什么样的人，完全取决于我们怎样设定自己的思维。因为我思考、我相信，所以我存在。我们实现目标，是因为我们心中首先孕育了梦想，然后我们从日常的重复生活中醒来，通过具体的行动将这些梦想变为现实。

在这个世界上，你可以体验自己的想法，通过知行合一的力量，找到人生的关键和支点，大胆地去体验所有你渴望的生活状态，让自己成为那个重新定义生活游戏规则的人。

每天晚上躺在床上，我们都可以与自己的内心深处展开一场灵动的对话。想象自己的思绪是一幅幅绚丽的画卷，逐一展开，在夜的静谧中绽放光彩。

第一个画面：我的人生目标是什么？（这是你灵魂的指引，是你人生追求的顶峰。）

第二个画面：我的人生经历了哪些转折？现在，我处于哪一个重要的阶段？（回望过去的足迹，每一步都是成长的见证。）

第三个画面：今年我要与谁合作，共同完成什么重要的事情？（这是你人际关系的映射，是你生活的重要组成部分。）

第四个画面：从心底涌出感恩之情，感谢那些在你人生旅途中给予帮助的人和事。（这份感激将带给你平静与清晰，让你的心灵不再迷茫。）

然后，带着这样的平静与感恩入睡，内心会非常笃定清晰，当你拥抱这份宁静和感激，你将拥有一个清晰和确信的心境，生活不再是时间的流逝，不会在混乱中消磨浪费时间，而是珍惜每一刻。

记住，你总能找到前进的路径，总能制订出更佳的生活计划。亲自去体验你的思想和验证宇宙的规律，然后将你的经验智慧传递给他人，传递给下一代。记住，你永远可以找到一个前行的方法，你也永远可以制订出一个更好的计划。这不仅是你成长的方式，也是发现自我，"认识自己是谁"，塑造自我的方式，这更是你能给予孩子最宝贵的礼物。

当你掌握这些原理，就能够明确你的生命需求和未来的家庭生活蓝图。你可以具体地规划出各个目标的完成时间，从而确保每一步都走得坚实有力。比如在追求"五福"中关于"富"的部分时，你可以计划确保家庭成员的身体健康、心智成长和心灵满足：

满足家庭成员身体方面的健康发展，包括健康活力的身体，天然无污染的食物与水源，温暖明亮的住所，美观舒适的衣物，充足自由的闲暇时间。

满足家庭成员心智方面的快速成长，包括孩子的教育规划，看书学习的时间及资源，旅行的机会，智慧且见多识广的朋友，艺术美学的鉴赏能力，目的是让家庭成员充实心灵，积累创造美好事物的资料。

满足家庭成员心灵需求的设想：每人都心中有爱，达成自我实现的目标，多行善举，传播经验智慧……

当你清晰地绘制出这份"家庭梦想蓝图"，并从更宽广的视角审视和规划人生，你将从原本迷茫的生活剧本中觉醒，活出上天所赋予的身份。当每个家庭成员都融入这种生活模式时，你们的生命定将变成梦想中的模样。

4. 以终为始　锁定结果

　　我们希望我们的孩子成长为自信、阳光的人，拥有使命感和责任心，能独立完成学习任务，处理好自己的事务，并且有勇气和信心去实现自己的梦想。要实现这一切，关键在于从孩子小时候起，我们就要以平等和尊重的方式对待这个独一无二的生命。

　　在日常生活中，我们经常看到很多父母在与孩子相处时，未能体现出平等与尊重。有时候，父母因为感觉孩子年幼无知，而错失教育良机；有时因为自身内在的情绪，而迁怒孩子；有时则是因为年龄和经验的优越感，而轻视孩子的想法；有时会因为自己的工作应酬繁忙，而忽略孩子；有时会因为闲适无聊，为了自己的娱乐，而戏弄孩子；甚至有时候为了自己放松玩游戏，而随意拿起另一手机来打发孩子，让他们自己玩……

　　每一种情况，对孩子来说，都可能是一种隐形的"残忍"。因为这些成人的疏忽或自私，孩子可能会感到无力、困惑、挫败、缺乏自信、自我否定、不被尊重、愤怒、恐惧、不安、害怕、被欺骗和上瘾……这些都会对他们的心灵造成深刻的伤害。不仅破坏了孩子对大人的信任，使他们情绪变得无常或习惯性地取悦大人，还会对他们未来的人生带来各种各样的障碍。

小孩子不懂大人们的世界，在小孩子眼中，大人们的世界是充满神秘和权威的，我们做的一切他们都会当真。对于孩子而言，每一位"大人"都是一个巨人。对于孩子来说，父母和家人是他们唯一的依靠，大人就是他们的整个世界。大人的一言一行，都是他们认知世界的镜子。

孩子要反抗"巨人"需要一定的勇气，尤其对于那些内心力量柔弱的孩子而言。很多时候，他们往往没有勇气去反抗、拒绝和辩解，只能默默忍受"巨人"对他们的各种不觉知行为，不断自我催眠，不断用情绪来表达，内心深处却感到极度的无力和绝望，认为生命就是如此。

然而，作为父母的我们，往往没有察觉到这些细微的内心变化，也未能及时提供必要的支持和帮助。这是一种悲哀的现实，因为每一个孩子，无论年纪多小，都是一个独立且独一无二的生命存在，他们理应得到我们足够的敬畏和尊重。

我们作为父母，需要时刻提醒自己，我们的任何随性之举都可能在孩子的心中留下深刻的印象，塑造他们的世界观和自我认知。许多未来的问题，可能是因为我们未察觉的行为对他们产生了影响。因此，真正的关爱，不仅仅是物质的供给和表面的呵护，更是对孩子内心世界的深入理解和尊重。我们的每一个决定和行为，都应该基于对孩子身心发展的深思熟虑，以确保他们能在爱与尊重中健康成长。

要真正理解和尊重孩子，就要从心开始。只有通过真正的关心、倾听和理解，才能建立起孩子的信任感和安全感，培养出他们的自信和独立性，使他们未来能够勇敢地追求自己的梦想。这种关系的基石是真正的平等和尊重，是对孩子这个独立个体完整性的肯定。

作为父母，想要孩子的未来光明且成功，我们可以借鉴《道德经》中的智慧："民之从事，常于几成而败之，慎终如始，则无败事矣。"这句话教给我们不失败的心法——"慎终如始"。为了实现这一点，我们可以采用一种让自己站在俯瞰整个人生的高度，运用果因法则，从未来的结果倒推至当下，然后再从当下始终如一地坚持和用心的方法，则可以"无败事矣"。这种从未来回望现在的思维方式，也就是"以终为始"。

请让自己静下心来，想象一下，站在未来的某个时点，你的孩子已经成长为一个成熟又有魅力的成年人。看清楚那时你的孩子——他是怎样成熟的模样，长相怎样的阳光又迷人，身材怎样的高挑又帅气，内在怎样的睿智又有涵养，成功地在做些什么……从那个成功的未来回望，思考作为他最大的支持者和信任者的你，是怎样一路帮助他走到那个美好的状态。

然后，让你的意识回到现在，看着眼前这个正处在成长期的小生命，你会突然明白：你现在应该怎么做。你会知道自己应该怎样用一颗敬畏之心，平等且尊重地对待这个小小的生命，以确保他能够顺利成长，最终成为你所"看到"的那个成熟、成功的人。

通过这样高维度的思考，你不仅能根据孩子的特点为他设定一个清晰的发展方向，也能在日常的育儿中找到正确的方法和态度，确保每一步都是在为孩子的成功铺路。这种前瞻性的父母角色会使你的育儿之旅更具意义，也更加成功。

当我们将人生视为一段有限的线段，知晓在这世上，我们最多只有三万多天的时间，那一刻，人生的短暂与珍贵便显得格外突出。如同老话所言，"生是偶然，而死是必然"，大多数人的一生仿佛参与了一场没有终点的马拉松——从呱呱坠地的那一刻起，便开始了无休止的奔跑。我们总是想要超越前面的人，却往往忘记了奔跑的意义和目的，认为只要不断努力，未来自然美好。

但，人生不是一场马拉松，生命不是用来超越跑在你前面的人，没有人给你规定这一生要干什么，也没有人给你定下你此生的剧本，更没有人规定这个终点必须是考研考博，出名挣大钱。人生是一个过程，并不是在结局时让你得到鲜花与掌声。人生是一场关乎体验的旅程，你的人生意义，完全由你来决定。

如果我们只是埋头追逐，错失了欣赏这个世界的机会，无感于周围美好的点滴，无知于这世界高深的智慧和真理，无视于擦肩而过的智者导师，我们被生活的惯性所驱动，不自知地重复着平凡的日常，忽略了思考生命的真正意义。这样的生命岂不是会有很多很多的遗憾？

如果孩子的生命只是无意识地屈从于家庭的惯性，去模仿父母吃喝拉撒的生活模式，即使父母在他的教育上花再多的金钱，用再高明的教育方法，最终还是在原地打转。因为一个没有经过思考和定位的人生，不值得活。那样会被动地让各种事件推着走，从出生的那一天起，不是被各种人安排，就是被考试推着走，被工作推着走，然后被婚姻推着走，再被孩子推着走……这样的人生像极了一个被动的拉线木偶，从未真正掌握自己的命运。

作为父母，我们的责任是指引孩子主动地思考和定位自己的人生。当我们明确自己想要什么样的人生，我们便可以从孩子幼小的时候就教他们如何进行思考，如何规划自己的未来。当孩子学会了这样的思考方式，他的生命画卷将会缓缓展开。他不再只是盯着前面的人跑，而是将精力用于自我成长，此时的孩子就升级成为一个积极主动的自由生命个体。

这样的孩子会清晰地知道自己在生命中渴望什么，并会用各种方式调整自己，尽可能以享受的方式，不断地超越昨天的自己，勇敢地面对前方的挑战。他会主动地规划并体验自己想要的人生，用心感受每一天的生活，探寻生命的意义和美好，直至完成他此生的使命。

这种生活方式，不仅是对时间的尊重，也是对自我的肯定和对未来的一种美好期许。因此，从现在开始，不要无觉察地度过你的日子。学会主动地思考和规划，因为人生实在太短暂、太珍贵了。

诗人惠特曼曾经说道："人生的目的除了去享受人生外，还有什么呢？"而雕塑家罗丹更是赞叹："生命是无尽的享受，永远的快乐，强烈的陶醉。"确实，生活本应是一场丰富多彩的冒险，前提是我们需要明白自己这一生究竟要追求什么。孔子告诉我们，"知之者不如好知者，好之者不如乐之者"，喜欢知识的人不如乐于学习的人，乐于学习的人不如享受其中的人。当我们发现了自己真正热爱的事物，就能在这份热爱中找到深刻的愉悦。

在这个智能互联的时代，我们拥有无数资源和方式来让生活更自由、更美好。然而，当谈到孩子的教育时，一些父母可能会感到无力，甚至会抱怨不知道如何教育孩子，于是就把你最重要的"财富"——你的孩子，推给学校来负责。但我们必须认识到，学校主要是教授知识，而不完全是教会孩子如何成为一个好的人或如何处理事情。父母如果将教育的责任完全交给老师，是一种多么不负责任的行为。

我们要从把这个孩子带到这个世界的一开始，就应该明白，我们无法将自己的责任推卸给任何人，因为最后一切的结果都还是会由我们自己来承担。如老子所言："夫轻诺必寡信，多易必多难。"我们要有预览人生的能力，要一开始就选择难的"窄门"而进，虽然选择生活中的"窄门"往往是艰难的，但如果从一开始就勇敢面对并选择用心养育孩子，随着时间的推移，这些初期的努力将会使未来的道路越走越宽敞，越来越能放心放手。生活中真正的光明状态，源自我们对生命责任的担当。

事实上，每个父母都有能力教育自己的孩子，关键在于是否愿意用心去感受、勇敢地采取行动。智者常说"圣人畏因，凡人畏果"，如果你选择逃避目前的养育责任，虽然可能暂时轻松，但最终只能尝到自己酿成的苦果。

因此，不如从一开始就明确自己的目标，想好自己要什么，在"读万卷书，行万里路，阅人无数"的体验中帮助孩子明确他们想要的生活。然后，与孩子一起努力实现这些目标，这个过程本身就是一段美好而精彩的旅程。

成为父母是一段旅程，同样重要的是认识到这种陪伴是有时效性的。孩子们有自己的人生道路要走，他们不会永远与父母绑在一起。作为独立的个体，你也需要保持自我，尽管承担着教育孩子的责任，但不应让自己的身份仅限于此。

特别是对于一些母亲，生完孩子后往往会割舍自己的多重身份，完全投入养育孩子中，将自己的生命以养育孩子为理由全部依附到孩子身上，以保护和支持孩子为生活的全部目标。然而，这种做法并非赠予孩子的礼物，反而可能成为孩子的一种无形压力，尽管孩子自己可能尚未意识到这一点。

在这短暂而珍贵的陪伴时间里，你应当继续追求自己的兴趣和热爱，让孩子也有机会做他喜欢的事情。这样，生命之间既保持各自的独立性，又能在彼此的支持中连接。这种相互成就的关系，最终将导致一种自然的放手和信任。

当我们运用这种"果因法则"，即从结果反推，从一开始就清晰地设定并追求我们所希望的结果，那么我们可以更有信心地相信最终的结果将会是心想事成。因为在这个过程中彼此真正地陪伴过了、尝试过了、体验过了、努力过了，都是我们为了体验生活而度过的时光。而生命的过程，只不过是用时间来"走过"你想体验的一切罢了。

当我们通过历史的望远镜瞭望人生，我们会被那些经久不衰的真理和变幻无常的事物所震撼。在历史的长河中，许多曾经令我们追逐不已的事物最终都显得短暂而微不足道。当我们从历史的角度来审视人生时，我们会惊奇地发现其中的"变与不变"。我们的生命与所追逐的事物在历史时间的尺度上来看，都是昙花一现。那么，是什么样的人物能跨越时代的界限，不断被后人铭记呢？唯有那些能向世人传授经验、智慧与美的圣贤，他们的影响力穿越时间的洪流，永存人心。

正是在这样的认识下，我们与我们的孩子才能深刻领会到"死而不亡者寿也"的真正含义，即那些真正的价值和意义可以超越生命的局限。这种理解让我们重新思考"立功、立言、立德"的重要性，以及如何通过认真地生活和创造美好来实现个人的价值。这不仅是对个体的启迪，也是对整个教育系统的反思。

从这个角度出发，我们开始重新界定"人生""当下""学习""教育"等关键词对我们自己和我们的孩子的真正的意义。这种思考引导我们不仅仅要应对生活的挑战，还要塑造一个能够对社会有所贡献的生命。这样的人生观鼓励我们和我们的孩子不只是活在当下，更要活得有意义，让生命的每一刻都充满价值和目的。

当我们与孩子一起站在宇宙的高维角度观察人生，我们的视野不断拓宽，我们能从日常生活的烦琐事务中跳脱出来。在这样的视角下，我们的存在似乎与微尘无异，我们在地球上的时间不过是短暂的一瞬。同时，我们与孩子将共同体悟到庄子所说的"天地有大美而不言，四时有明法而不议，万物有成理而不说"的深奥哲理。在日常生活中，当我们忙于应对琐事，往往未能察觉到这个星球的美丽与奥妙。

文学家爱默生曾经说过，"宇宙的存在是为了满足人类灵魂上爱美的欲望"。离开了"美"，这个世界便失去了其价值。而这种"美"，原来就是世界的本质，也是人类追求的终极目标。这种"美"，我们需要与孩子一起，用一生的时间去体悟，去理解。

其实这就是人生的意义和教育的宗旨。天地大美，而我能为这个世界带来什么？我留下了什么样的痕迹来证明我曾经来过这里？当我们与孩子的视野不断拓宽，曾经看似重要的事物变得渺小。

在这样的观念下，我们意识到自己和孩子的珍贵与完整，我们幸运地生活在这个美丽的星球上。我们不会带孩子去盲目崇拜任何人，因为我们认识到了平等；我们不会因为无谓的纠结而浪费生命，因为我们看到了人生的短暂；我们不会再无所事事，因为我们体悟了这一生的珍贵。

当我们的觉知处于这样的高维，我们的思考就会更加深入。当我们教会孩子与日月星辰对话，我们也会理解"拈花微笑"的深层意味。再回到现实生活中，活出属于自己最优雅、最美好的生活，这本身就是对孩子最好的启蒙教育。

从这个角度看，教育其实是一件简单的事。珍惜与孩子的每一刻，珍视承载"教与育"的这段时光，尽力以自己为榜样，展示生命的精彩。不断更新自己的认知。我们将自己终身致力于对美和真理探索学习的样子，铭刻进孩子的生命中、基因中、思维模式中、生活习惯中，直到有一天他成为他想成为的那个人——独一无二的自己。

到那时，我们所主动创造的人生，以及运用"果因法则"教育显现的成效，就两全其美且大功告成了！这么珍贵的"我"，让教育的过程和结果都达到完美的统一。

第三章　主动创造自己想要的人生

第四章

享受一起进化的生命旅程

1. 敬畏生命的奇迹

总有一群孩子表现得与众不同，他们带着特殊的使命和非凡的能力。这些孩子从小就展现出高度的直觉和超感官能力，他们对周围的人和环境有着非凡的敏感度。这不仅体现在他们对事物的洞悉、推理和反思能力上，还在于他们超越年龄的智慧和创造力。

这些孩子在音乐、艺术等领域常展现出惊人的才华，他们的成熟度也远超同龄人。然而，这样的天赋并不总是让生活变得容易。因为他们所具有的非凡能力和深刻的感受性，他们有时候会觉得难以应对日常生活中的琐碎事务，也可能倾向于专注地投入自己感兴趣的活动中。

由于他们的学习能力极强，往往被贴上"天才"的标签。但这种与众不同，也使他们在心理上承受着巨大的压力——他们的行为方式常常与常规相异，他们往往感到被误解，有时甚至自己也难以判断自己的行为是否恰当。这种情况下，他们常常必须小心地隐藏自己的真实自我，以旁观者的身份静静地看着这个世界，同时他们能够轻易地与他人产生深度的共鸣和理解。

这些特殊的孩子，他们不仅是我们社会的宝贵财富，也是未来的希望。他们的存在挑战我们理解人与世界的传统方式，同时教会我们关于多样性、理解与接纳的重要性。通过更好地理解和支持他们，我们不仅帮助他们成长为他们梦想中的自我，也为整个社会的进步添砖加瓦。

在当今这个多元世界中，有些孩子天生好奇、坐不住，或者容易走神，他们的行为有时难以为外界所理解。一些孩子喜欢单独长时间沉浸在自己的世界中，这使得他们常被误解为难以融入传统社会，被视为另类。在不了解的眼光中，这些孩子往往被贴上各种标签，甚至被归类为问题儿童。

在当前的教育体系中，大多数父母和老师往往只将成绩优异作为衡量孩子是否优秀的唯一标准。这种单一的评价体系遗漏了一个重要事实，就是那些特殊的孩子们，他们拥有与生俱来的独特智慧和能力。这些被时代称赞为"天才"的孩子，往往得益于他们的父母在孩提时期的耐心观察与倾听，这种关注使得孩子们的天赋得以自由发展。

《来自宇宙的新小孩》一书中说："新小孩们伸出敏锐易感的小小触角，却因得不到应有的回应而逐渐萎缩，许许多多这样的小孩受到忽略……"这些新世纪小孩不是问题孩子，也不是得了某些疾病，他们只是天赋异禀而已。这些孩子的存在挑战了我们对常态的理解，提示我们需要用更开放的态度来欣赏每一个孩子独特的光彩。当我们开始以更宽容的心态接纳和支持这些特殊的孩子，我们不仅帮助他们成就了自己，也为我们整个社会增添了多样性和创造力。

当你的孩子表现得与众不同，无论是因为他们的杰出表现，或是因为他们难以"搞定"，甚至被一些老师标记为"问题孩子"……作为父母，你们的任务是保持冷静和理性，并对孩子始终抱有坚定的信任。相信他们生来就像一颗完美无瑕的种子，拥有内在的成长条件和动力，带着他们独特的天赋和超常的智慧来到这个世界。这些孩子需要的是父母更多的耐心去倾听、理解、认识、尊重，并发掘他们的内在潜力。

当我们作为父母能够触发并释放孩子的天赋，孩子的成长就会像开启了自动导航模式一样，顺其自然地向前发展，而我们就不必再为他们的成长过度操心。这些孩子有潜力成为未来各个领域的领军人物。

从另一个角度看，作为父母在陪伴孩子成长的过程中，我们其实也在学习和成长。孩子在某种程度上是我们的老师，他们的存在和特点敦促我们调整自己的生活方式。在更高的层面上，父母与孩子成为彼此的良师益友，互相启发，共同成就。这是一个双向的成长和启示过程，其中每一步都充满了相互学习和发现的可能。

从出生之日起，孩子可能就展示出惊人的学习能力。父母绝不能小看他们，以为他们因年幼而无知。实际上，在他们的早期"铭刻期"，孩子们会将所见所闻如镜像般记录在大脑里，等到适当的时机这些知识就会如同花开结果一般展现出来。他们的学习能力会让你大吃一惊。在婴幼儿期，当孩子们开始学习时，父母不应该用传统的、刻板的思维和学习方法来教导他们。这些孩子不喜欢被迫学习，他们出于好奇心和强烈的接受能力，总是渴望探索新奇和未知的内容。

作为父母，我们应当根据孩子的学习节奏和需求来引导他们，提供他们所需要的学习内容，而不是仅仅重复枯燥的内容。在培养过程中，我们应重视激发孩子的思考，询问他们的感受，激发他们的天赋，尊重他们的想法，并试图换位思考。

要成为好父母，首先要整理好自己的生活，保持一颗归零的心态，愿意放下成见与孩子一同学习。这样的准备是成功养育孩子的关键，正如本书前面章节所强调的那样。

孩子生来就带着特殊的使命，他们的未来如何展开，能否完全发挥他们巨大的潜力，很大程度上依赖于教养他们的父母对他们的理解、认识和信任。作为父母，我们的任务是帮助孩子拓宽自我认知的边界，激发他们对这个世界的感受和思考，引导他们不断自我反省，鼓励他们勇敢做自己。

第四章　享受一起进化的生命旅程

在孩子成长的旅程中，父母应该学会辅助孩子成就他们真正的自我，避免仅仅因为习惯或传统观念的束缚而限制他们的想法。重要的是认识到，作为父母，我们要认清自己的身份和职责，我们不是孩子的所有者和控制者，更不应期待他们完成我们未竟的梦想。相反，我们的角色是孩子的知己、支持者和向导，做他们最强的精神后盾，培养他们的各项生活能力，让孩子尽早地学会生活独立，教授他们身体健康的智慧，养成健康身体的习惯。

在处理教育和生活的其他方面时，学会平等和尊重至关重要。父母切不可因个人对未来的恐惧或自身欲望的驱使，把孩子推向无人理解的境地，让他们逃避现实，转而投入虚幻的游戏世界、二次元世界。或是自己不能真正"认识"孩子，进行错误的教养方式，导致令孩子对生命失去热情、动力与希望。

作为父母，请一定要信任并支持你的孩子！因为在他们的生命旅程中，你是最重要的人。鼓励孩子按照自己心灵成长的轨迹，勇敢地走自己的路，创建和创造一种全新的生活方式。同时，在这个过程中，作为父母的你，个人成长也同样重要，你的成就不仅体现在职业或个人层面，更体现在成功地引导下一代成长为独立、健康、有能力的人。

2. 父母的智慧指南

教育孩子的过程，其实就是思考自我生命、反求诸己的过程。当父母学会为自己的生命负责，孩子也就自然而然地学会为自己的生命负责。父母的生活态度和精神高度，决定了孩子的人生起点。教育孩子，真正的含义在于养育者能够洞察到生命的神圣与伟大，从孩子的内心深处发掘并提炼出最闪耀的个性。

在这个养育的过程中，还蕴含了一种生命的美感：一种生命在认真地播种另一种生命，一种生命通过另一种生命开始萌芽绽放，两种不同的生命个体，彼此相互映衬，相互滋养。这个过程，就如同一位农夫耐心地培养每一颗种子，陪伴它们从发芽到生长，从开花到结果。同样，在教育的旅程中，父母要帮助并激励孩子实现其独一无二的价值和梦想。在这个过程中最重要的是"信任"和"耐心"，正如一位农夫耐心等待土地里的珍贵果实成熟，直到秋天和春天的雨水滋养了它们。

这是一个漫长的等待过程，它要求父母不断地学习和信任自己的直觉。没有人天生就会做父母，这是一个逐步学习和适应的过程。在这个过程中，父母的角色不仅是养者，更是

第四章 享受一起进化的生命旅程

孩子成长道路上的引导者和伙伴。

为了真正赢得孩子的心，父母需要具备足够的智慧和远见，这不仅涉及孩子的教育，更包括对孩子信念、价值观、心理状态、智力发展、情感交流、艺术修养、想象力和精神生活的全方位关注。父母的任务是发现并培养孩子的独特才华和价值，而不仅仅是看着他们成为灌输知识的容器。

在这个过程中，每一步都充满了发现和惊喜。父母需要敏锐地观察孩子的每一个小变化，倾听他们的每一个想法，从而更好地理解和支持孩子的成长。通过这种深入的参与和细致的关爱，孩子不仅会感受到爱，还会在这种关系的滋养下，展开他们的潜能，成长为独立且富有创造力的个体。

这是一段充满挑战和惊喜的旅程，每一位父母都是在为孩子的未来不断地努力和奋斗。在这条路上，最重要的是与孩子一起成长，一起发现生活的美好，共同构建一个充满爱、理解和尊重的家庭环境。

如水般的智慧还意味着以细微而不显的方式滋养孩子，将必要的生活技能和情感智慧自然而然地融入孩子的生活中。帮助孩子成为最好的自己。为人父母，要学习"水"的智慧，学习成为水一般的存在。《道德经》中有云："上善若水，水善利万物而有静。"在养育孩子的过程中，父母既要心静如水，保持一颗清澈平和之心，这样才能更清晰地洞察孩子各方面的"样貌"，保有与孩子互动的各个可能性；还要学习如"水"般润物细无声地滋养孩子，默默将必要的生活技能和情感智慧自然而然地"铭刻"到孩子生活中，使这些教育如同水一般无形却无所不在；在面对孩子遇到的问题和挑战时，父母应像流水般温柔而坚韧，循循善诱地引导孩子，通过理解他、感受他、接纳他来引导和帮助孩子成为最好的自己，避免与孩子产生冲突，让孩子的个性和能力如水流般自然流淌和转变。

父母还要学习水的适应性和"善变"，随着孩子年龄的成长和变化，灵活调整自己与孩子的关系和角色。根据孩子的成长需要，随时转换父母的功能角色，有时你是孩子的爸爸或者妈妈，有时你是他的朋友，有时你会是他的老师，还有时你会成为他的玩伴……

扮演父母时，你要做到相信、耐心、理解和支持，做孩子最大的靠山，不断发现他的特质，并鼓励他超越昨天的自己；

扮演朋友时，你要学会感受、同频、聆听和交流，做孩子的最佳知己；

扮演老师时，你要给予关心、引导，以身作则，传授生命的智慧，做孩子向往的引路人；

扮演同伴时，你要学着幽默、风趣、童真和打闹，做

第四章 享受一起进化的生命旅程

"复归于婴儿"的纯净玩伴……

不仅如此，做好父母角色的同时，你还要注意在家庭生活中不断变换自己的角色。这样才可以在处理关系时游刃有余，对家人做到不留遗憾，更可以给孩子全面展示一个人的多种面向。

以女性角色为例，你不仅是一位母亲，同时也是妻子、女儿及知心朋友，你的角色充满了大地般的包容、滋养、支持与爱，象征着温柔的"坤道"。而作为男性，你是父亲、丈夫、儿子及家庭的支柱，你展现出清明的头脑、力量、坚韧与自强不息的特质，代表着威严的"乾道"。此外，无论男女，都还担当着自我实现的角色，成为家族的楷模和孩子的榜样。

教育在本质上，是一场灵魂之间的相互碰撞和共同成长的过程，是一门连接心灵深处、相互印证的伟大艺术。教育孩子的过程中，充满智慧与热情的陪伴远超过任何教育方法，而那份充满信任与耐心的等待，是对孩子最深沉的爱的表达。

正如农夫不需每日检查稻谷是否成熟，父母亦应专注于做好自己分内的事情，将其他的一切交给时间。在这个过程中，最重要的是保持信心和耐心，相信孩子会在正确的时间内展现出他们的最佳状态，正如每一个生命都会在适当的时刻绽放其独特的光芒。

在这个多变的时代，我们正从传统的考场时代，经历剧场时代，逐渐转向一个类似游乐场的时代。在这个环境中，传统学历的价值正在逐步贬值，不再是就业的唯一敲门砖。曾经，人们需要通过长时间的学习和考取各种证书来证明自己的能力，但现在，社会更加重视通过实际技能和知识解决问题的能力。

在过去，谁能将企业的故事讲得动听，谁能塑造出引人入胜的企业文化，谁就能吸引资金和人才，建立起竞争力强的团队。这些成功往往依靠信息的不对称和市场的垄断来维持，就像剧场里精心策划的一幕幕戏剧。而如今，随着时代的发展，这个社会已经开始转变为一个游乐场的模式，这里更加看重个人的才能和魅力，提供更多渠道和机会让人们建立个性化的品牌或"IP"。

在这个新的游乐场里，个人可以在自己擅长且热爱的领域里尽情"玩耍"，通过展现独特的个性和才能来吸引一大批忠实的"粉丝"，从而轻松愉快地过上好生活。当这种个性化的活动融入了"无我利他"的无私奉献精神，它就能开创出全新的游戏规则，打造出一种全新的方向。这种模式超越了传统的输赢规则，不存在二元的胜败分离，而是一种互惠互利的多赢模式。在这种氛围下，相同或相似频率的人们会被自然吸引，主动加入这样的组织，共同在一个有特色的领域中创造丰富而美好的生活。这不仅是一种趋势的转变，也是个体与社会互动方式的一次深刻革新。

在这个时代，精通一个领域可以如同登顶高山，一旦你在某个关键点达到了极致，你就确立了自己的核心身份。自己站在山顶，眺望其他山峰。如果你想探索新的高峰，不必再下山再攀登，你的核心身份就像一辆索道缆车，帮助你瞬间到达新的顶点。这就是人生身份叠加的法则。

比如，一个人将他的绘画才能发挥到极致，成了顶级的画家。如果这位画家也酷爱美食，他可以将他的艺术才能融入美食创作中，创造出极具美学的佳肴。同样，如果他对服装感兴趣，他可以将他的艺术才能与面料结合，打造出独特的服装风格。或者如果他热爱旅行，他可以将他对世界的独特视角和旅行中遇到的各种主题融入他的作品中，创造出与众不同的旅行体验。

所以，这个时代要求我们找到自己生命中关键的那件事，将其通过持续的关注和专注发展到极致，人生就会像花开一样丰盛美好。就像一朵花在适当的时节绽放，随后其他花朵也将陆续开放。一旦一个身份确立，其他身份也将逐步形成。

当你的生命之花盛开，散发出璀璨的光芒，你的孩子也会在这样的光辉中慢慢展现出自己的光彩。他会被你的成功和光芒吸引，开始模仿你的思考方式和行动方式。人生本就是这样，你觉醒了，你的孩子也会随之觉醒；你有所悟，你的孩子也会跟随你的步伐。教育是繁衍，教育是传承，它从复制开始，经过模仿，最终超越，如此循环往复。

3. 好妈妈的基本功

妈妈是孩子人生中最关键的贵人，她的影响深远且持久，是孩子生活中最重要的老师。身为妈妈，你不仅赋予了孩子生命，还需要为他们注入心灵的"软件"——品格和思维方式。正如那句老话，"观其母，则知其子"，孩子往往是反映母亲性格和品德的一面镜子，母亲对生活的态度和行为方式将直接影响和塑造着孩子的未来。

每位妈妈在育儿的路上都是初学者，很少有妈妈是通过全面的体验和培养后，在完全准备好后，才开始这段旅程。"妈妈"这一角色天生蕴含了超乎常人的直觉和灵感。不同的母亲，会根据自己独特的性格和价值观，培养出各具特色的孩子。因此，"妈妈"这个角色的责任非常巨大。

所谓的好妈妈，是那些具有深情、充满爱心、有信心且有意志力要把自己的孩子培养成优秀人才的女性。在这个角色中，理性、耐心和热情至关重要。作为母亲，你需要保持高度理性的母爱，来分辨并选择对孩子最有益的成长路径；展现无尽的耐心，来应对育儿过程中的各种挑战。同时，你还需要有持续的热情去支持和鼓励孩子，让他们成为你心中所相信的那种"好孩子"。

通过这样的角色扮演，妈妈不仅是在培养下一代，更是在进行一场心灵的深度对话和自我成长的旅程，使得母子双方在这个过程中共同成长，共同向着更光明的未来前行。

作为母亲，在认识自己、领悟生命的伟大与真谛之后，你会更加慎重地对待养育孩子的责任。你不会随意为孩子多做事情或胡乱做决定，而是会选择全力地成长自己，全心全意地承担起自己的生命责任，这就是所谓的"复命"。

作为父母，我们应该帮助孩子明确个人界限，认识到每个人来到这个世界都有自己的使命和目的。这需要回归自我，寻找内心的平静。通过引导孩子学会独立，我们教育他们理解每个家庭成员都应该跟随自己的心灵进行提升和成长，各自处理好自己负责的部分，这就是"知常"。

在一个家庭中，如果每个成员都能满足自己的生命需求，同时作为彼此生活中的"礼物"出现，那么这个家庭就能真正符合生命的天道和自然的法则，达到"整体大于部分之和"的和谐状态。反之，如果任由个性驱动，随意妄为，最终只会迎来不想要的结果。

拥有一位兼具理性与爱心的母亲，对孩子乃至整个家族来说，无疑是一种巨大的幸福。理性的母爱避免了情感绑架，确保了家庭成员之间的关系是健康的、平等的。在这样的家庭中，每个人都保持了相对的独立，同时又与其他家庭成员紧密相连，每个人都承担着自己应有的责任。这种关系不仅是平等和融洽的，而且是建立在互助和相互尊重的基础上的。

耐心，这是一种接近"宇宙大道"的智慧。观察自然界中所有生物和事物的发展，无不是通过持续的、渐进的耐心积累而成就的。一粒种子要成长为茂盛的植物，需要耐心；动物从受精卵到最终出生，需要耐心；一片小树林要变成浩瀚的森林，同样需要耐心；甚至我们的地球和浩瀚的宇宙，其形成和演化也是耐心的结果。

作为一位母亲，拥有耐心的智慧至关重要。决不能急于求成，尝试"拔苗助长"。相反，应当顺应孩子成长的自然规律，像大自然一样，给予孩子他们所需的"阳光雨露"。这样，母亲不仅是孩子的养育者，更是他们成长道路上的引导者和守护者。通过展现这样的耐心和智慧，母亲帮助孩子们在最适宜的环境中健康成长，释放出他们生命中最璀璨的光芒。

在你决定迎接一个新生命之前，停下来深思一个至关重要的问题："为什么我要生这个孩子？"这个问题看似简单，但答案的深度直接关系到你对生命的负责程度。很多人的回答可能是因为觉得家里应该有个孩子，或者是伴侣想要孩子，甚至是因为生活寂寞而把孩子当作消遣。这些理由都未能真正尊重生命的意义。

在决定成为父母之前，认真思考"为什么要生这个孩子"，是对自己也是对未来孩子负责。只有当你对这个问题有了深刻的理解和答案后，你才能更从容坦然地面对未来这个孩子给你带来的一切经历和考验，才会真正享受与这个生命一起共同进化的生命旅程。

世上没有什么工作比养育一个孩子更充满意义。如果存在比这更重要的事情，那为什么还要选择生孩子呢？因此，每位准妈妈在决定生育前，必须做好充分的心理准备，明确自己准备好承担一个新生命带来的所有责任。只有心理准备充分后，才应考虑进行身体上的准备，确保以最佳的状态迎接新生命的到来。

4. 孕妈妈的超能力

当准妈妈步入孕期，她也开启了胎教的重要阶段，这如同踏上一段神秘的旅程。在这个旅程中，随着胎儿的逐日成长，每位女性都会开始密切关注自己身体的变化，这是每位新妈妈自然而然的反应。然而，很多新妈妈可能会忽略一件关键的事情——从孕期就开始寻找、记录那些微小但重要的信号。

一个新生命的加入，实际上标志着你们相互教育、共同成长的旅程已经拉开帷幕。在你的孕期，这个新生命不仅在生理上与你紧密相连，更会在精神上给你带来深刻的启发和方向指引。他会以他独有的方式影响你，唤醒你内心深处已被遗忘的身份和爱好。

在这特殊的时期，你应该学会记录那些触动你心灵的瞬间。这些感动可能正是指引你未来人生路径的重要信号。千万不要忽视这些信号，因为你的生命会因这个新生命的到来而发生转轨，你也会因这个新生命的到来而实现真正意义上的"长大"。

《道德经》中有这样一段教诲："生而弗有，为而弗恃，长而弗宰，是谓玄德。"这句话在育儿中尤为贴切。当一个小小的生命，如一颗闪耀的星星，降落在你的世界，这便是一个神圣的时刻。如果此时的你足够了解并深爱自己，那么你会通过理解自己的生命，饱含着敬畏和慈悲之心去对待这个经由爱而来到这个世界的新生命——你的孩子。

你将从自己的独特性中发现他的特别，从你的充足中塑造他的丰富，从你的坚韧中体验到他的力量，从你的需求中透视他的需求，从你的灵魂中感受到他的纯粹，甚至从你的每一次呼吸中悟出他的神圣。这样一个小小的生命，为你的生活带来了无限的遐想和希望。

你会从自己的独一无二中发现他的独特，你会从自己的本自俱足中了解到他的丰盛，你会从自己的百折不挠中体会到他的力量，你会从自己的所欲所求中透视他的需要，你也会从自己的灵魂升华中感受到他的纯粹，你更会从自己的一呼一吸中悟出他的神圣。这样的一个小小存在，为你的生活带来无限的遐想和希望。

然而，心底的某个声音也在提醒你，他不是你的私有财产，他属于这个广阔的宇宙。你的角色是在他还未准备好独立承担生命责任时，暂为他的守护者和辅导者。随着他身体的成长和思想的独立，你需要学会放手，让他自由地探索世界，看着他渐行渐远的背影，默默地祝福和祈祷，完成这场殊盛的亲子旅程，放心、安心地将生命的责任与义务全权交给他自己，满心欣慰地看他走上自己的人生旅程。

这样的体验让你深刻理解了"生命"，认识到"育儿"本质上是一个生命照顾、滋养另一个生命的过程。通过这个过程，你也懂得了"养育"的本质，你不仅在培养一个新生命，你也在修补和完善自己。孩子出现在你的生命中，是为了让你学会如何爱，如何信任，如何宽容和具有耐心，帮助你的灵魂恢复到最纯净的状态，实现彼此的相互成就和圆满。

基于这个生命真相，你学会了不将自己的生命过度依附于孩子。你放下了对他的所有期望和要求，转而选择向自己靠近，向"心"内求。因为你清楚地认识到，所有真正的答案都藏在你的内心之中。这促使你不断地自我探询："我是谁？""我来到这个世界的目的是什么？""我的人生将通往何处？"这些根本的问题帮助你更深地了解自己。因为你了悟到，只有经由认识和了解自己，让自己跟随这个新生命成长，并满足各自生命需要，然后不断地指引这个生命认识自己，并完成此生的生命目标，继而启发更多人走上这崇高神圣的"认识自我"之路，才是服务这个宝贵生命最好的方法。

这是一段深刻的学习和自我发现的旅程。你的关注从外界的评价和认可转向了内心的探索和自我提升。在这种强大的"动能流"中，你的孩子也感受到了深刻的影响，开始关注自己内心深处的想法和愿望，按照自己的节奏纯粹地行走在人生的轨道上。

这个过程对你们都是双赢的。你和你的孩子都在各自的人生使命中勇敢地前行，无所畏惧地做自己喜欢的事，过自己热爱的生活。你们互相成就，互相理解，互相鼓励，彼此信任。在这个世界上，你们成为彼此的礼物，实现了各自的生命目标和人生愿望。

5. 做妈妈的艺术

在这复杂且亲密的母子关系中，孩子会本能地模仿母亲的感受。他们往往会害怕妈妈所害怕的事物，也会在妈妈感到快乐的事情上找到乐趣。然而，如果妈妈承受着精神上的压力，这种情绪也容易影响到孩子，有时甚至可能压抑孩子的健康成长。母亲的负面情绪和思维框架，都可能限制孩子释放他们的潜能。因此，作为妈妈，你需要鼓起勇气，打破那些无形的枷锁。

孩子的兴趣往往源于妈妈的影响。当妈妈对孩子所做的事表示关心时，这本身就是对孩子的一种鼓励。妈妈应该在孩子周围仔细地观察孩子正在做的事情，甚至有时要和孩子一起做事，不仅有利于增进母子间的关系，还会极大地鼓舞孩子的积极性。孩子感受到母亲的爱和兴趣时，他们自然会对这些活动产生喜爱。妈妈和蔼地注视着他的表情，是胜过任何语言的一种鼓励。

妈妈对孩子做的事情，不要妄加"好坏与对错"的评论，最智慧的做法是表达自己的喜悦，说表示喜悦的话。很多妈妈会抱怨孩子做事没有"长性"，容易半途而废，其实孩子失去积极性的原因之一，就是来自妈妈的评价方法。比如，妈妈看了孩子画的画，或者是听了孩子唱的歌，条件反射似的马上会说，"很棒，真不错"或者"不怎么样，应该怎样怎样"等这样评价。很多妈妈单纯地认为，好的评价就能培养孩子的积极性，坏的评价就会令孩子丧失热情。也许因为人们常说要培养孩子的积极性和兴趣，就要多赞扬，少批评。所以对孩子所做的任何事，都加以赞扬。似乎只要赞扬，孩子就会进步。

所以，随着时间的推移，这种赞赏的话，就会让孩子形成了一种被夸的习惯，而且是理所当然的习惯。如果妈妈对某件事不称赞，他就失去继续下去的热情。如果妈妈就某件事批评的话，他就会失去信心。其实孩子们拥有敏锐的感知力，这是一种能够瞬间看透妈妈心灵的超能力，能够感觉到赞美背后的真诚度。孩子需要的是真实的反馈，而不是无分别的赞扬或无情的批评。因此，妈妈们在育儿过程中应该寻找一种平衡，用心去感受和回应孩子的真实需求。与其急于评价，不如真诚地表达对孩子努力的欣赏和喜悦。

孩子们在成长的路上，真正渴望的并不是父母关于他们行为的好坏、对错评价，而是期盼看到妈妈们的喜悦和听到她们积极的回应，比如"那太好了"或"你的努力有成果啦"。妈妈们应该更多地关注孩子行为的过程，庆祝他们在这个过程中展现的努力和成长，而不仅仅是结果。这种积极的反馈对孩

第四章 享受一起进化的生命旅程

子的意义远超过简单的评判。不管结果是好是坏，妈妈应该关注孩子所做事情的过程，对孩子在这个过程中表现出来的积极状态，表达内心的喜悦之情，这种支持是激发孩子持续热情和积极性的最佳助力。

孩子对妈妈的喜悦，会做出一种自然而然的纯朴反应，感到妈妈这是为自己所做的事而喜悦，内心中充满了力量和成就感。从无数的互动方法中选择良好的互动模式，引导孩子满怀兴趣地去接受这些互动模式，是作为智慧妈妈用心的表现。

总的来说，孩子的智力、才能、性格、品德的培养可以通过母亲的智慧和心中的爱来塑造。妈妈们要认识到，自己拥有创造一个伟大人物的潜力。这不仅是母亲能实现的崇高使命，也是对生命施以最高敬意的体现。因此，每一位妈妈都应当以极大的责任感对待这份角色，不应该轻视或放任孩子的成长。珍惜时间，用心养育，让每一刻都充满成长的意义，这是母亲对于孩子——这一生命之光的最佳礼赞。

6. 做爸爸的艺术

在孩子的成长过程中，爸爸扮演着无可替代的角色，对孩子的身体、心智和心灵发展产生着深远的影响。

首先，爸爸是孩子的"保护者"。在孩子幼小的岁月里，爸爸的直接参与是孩子建立初步安全感的关键。这种安全感帮助孩子形成了对家庭一体感的基本认识。通过与爸爸的互动，孩子在触觉、嗅觉、听觉和视觉上得到丰富的体验，这些体验都是构建孩子对这个世界基本信任的重要基石，对他们未来人际关系的发展极为有益。

此外，爸爸作为一个与妈妈完全不同的"爱的对象"，为孩子提供了另一种行为模式和人生的参考版本。有爸爸的陪伴和支持，孩子在成长的早期阶段更容易从妈妈那里独立出来。他们通过观察父母的不同行为，不仅学习如何理解这个世界，还在建立对这个世界的信任感上迈出了重要的步伐。爸爸在养育中的参与，有效地帮助孩子自然而然地走向独立，减少了对母亲过分的依赖。

在日常生活的诸多重要时刻，如讲故事、玩耍、学习等，爸爸与孩子的互动在动作、语言、行为和思维方式上都提供了独特的经验。这些经验对孩子个性的塑造和人格的构建具有根本的教育意义，帮助孩子形成一个全面、均衡发展的人格。

爸爸的角色不仅仅是家庭的一部分，更是塑造下一代的关键力量，他们的每一个动作和选择都在无声地影响着孩子的成长轨迹，使其在未来的人生道路上更加坚韧和自信。

通过与爸爸一起参与各种活动，孩子得以在不同的环境下学习和工作，完成各种目标和任务，这些经历逐渐塑造了他们的自制力和独立自主的能力。

爸爸用他独特的爱心、耐心和孩子在一起，不仅向孩子传授了实际操作的技能和思考问题的方法，更是为孩子提供了一种行为和认同的模式。在不同的场景中透过与爸爸的相处，孩子学会了动手动脑，感受到掌控自己生活的喜悦，领略了与他人合作的乐趣，以及获得了为共同目标努力的满足感。

这种父子间的共同活动不仅加深了彼此的情感联系，也在孩子的成长道路上铺设了自信的基石，引导他们朝着更为坚强和独立的方向发展。每一个与爸爸共度的时刻都是孩子自我认知增强的一步，这种经历使他们在未来的人生旅途中，能够自信地面对各种挑战，坚定地走自己的路。

随着孩子一天天长大，爸爸在他们生活中的角色也在逐渐变化。从当初的保护者，过渡到带领者，到陪伴者，再到榜样，最终转变为孩子的欣赏者。在这个转变的过程中，爸爸要注重自我成长，通过自己生命的展现，让孩子产生由心而发的佩服和崇拜。

爸爸需要展现出创新和实干的特质，用实际行动在精神和心灵层面启发孩子。一个为自己的人生负责，为他人提供价值的爸爸，将深刻影响孩子的人生观。当爸爸鼓励孩子时说："我就知道你行！"孩子便会自然而然地建立起乐观和自信的

性格。当爸爸经常询问："你有什么想法，你有什么新点子？"孩子就自然而然地有了创新思维，不畏困难，未来能用积极创新的行动来改变自己的现实。当爸爸告诉孩子："不要为钱工作，要追求你真正想要的东西。"孩子则学会了超越物质的表面，思考更深层的人生意义。通过示范和教导孩子"自己的事情自己做，还要帮助家人做力所能及的事情"，孩子就学会了自助者天助的思维，性格乐观，还会从承担家务中，收获了帮助他人的成就感和喜悦。当爸爸平等且尊重地对待孩子，从小就让他们参与家庭事务的商讨，并耐心听从孩子的想法，即使孩子的想法看来是有些幼稚的，但只要他认真思考，爸爸就能认真考虑他们的意见时，孩子在这个过程中慢慢学会了从不同的角度思考问题，保持了思维的敏锐和感受力。通过承担家务不断建立起来自信，孩子学会了为自己的决定负责的思维方式。

爸爸的角色如同一棵参天大树，不仅为孩子提供庇护，也是孩子依靠的坚强后盾，更是他们前往更广阔天空的起跳台。父爱如山，深沉而长久，常常在不言中流露，影响着孩子的一生。爸爸在孩子成长的道路上所投入的时间和精力，远比金钱更为珍贵，这种投入塑造了孩子的世界观，教会他们成为独立、有责任感和富有同情心的人。

第五章

构建卓越人生的
核心理念

1. 卓越人生的底层逻辑

父母教育孩子要运用根本思维，需要建立以宇宙观为基础，以人为本的教育价值观，才能超越眼前的种种障碍，以及对未来不确定性的焦虑心理。没有一成不变的最好教育方式，只有适合生命发展规律的教育方法，一切教育行为皆由心而发。

在宇宙这幅浩瀚的画布上，每位父母都是孩子生命之旅的指引者和护航者。教育，这一神圣的使命，不仅仅是传授知识，更是塑造灵魂。但如何进行这样的教育？这需要父母拥有一种深刻的洞察力——能透视表象，洞悉本质。基于广阔的宇宙观和以人为本的价值观，这种教育方式不拘泥于一成不变的模式，而是随着生命的自然发展而演变。面对未来的不确定性和种种挑战，这样的教育能够帮助我们和我们的孩子超越眼前的障碍，清理内心的焦虑。

在教育的世界里，没有所谓的完美方程式，每一种教育方式都应该是生动的、适应性的，正如生命本身。真正的教育从心开始，它根植于我们的内在信念和对生命的深刻理解。每一次的教育行为，都是父母内心世界的直接反映，是我们对孩子未来的深切希望和梦想的体现。

教育的核心目的远不止于传递知识。它旨在唤醒我们对于更深层次的认知，引导我们洞悉物质世界背后的隐秘运作。这不仅是学习的过程，更是一种创造力的展现，通过这种力量，我们的生命得以顺应自然的法则有序地展开。

这样的教育，使我们能够认识到卓越人生的底层逻辑。每一个思想和行动都是与宇宙进行对话的一部分，都是塑造我们世界的方式。通过这种教育，我们不仅成为知识的继承者，更成为生命的创作者，与整个宇宙一起，参与创造一个更加和谐的存在。

2. 抓住孩子成长的关键

真正的教育远远超越了知识的传授，它根植于对人性的深刻理解和尊重。教育的起点应该是自我认知，是一次内在的旅程，从了解自己开始，逐步扩展到探索生命的深层智慧。它的核心在于启发思考，体验生活的真谛，并将这些认识转化为实际的创造力和生命力的交换。从孩子呱呱落地的那一刻起，生命就处于不断的演变之中，这一变迁不仅是物理的，也是精神和情感的。

因此，作为父母，我们不应固守某一套教育方法，也不应过分沉迷于表面的名和相。真正的智慧在于透过表面的现象，洞察事物的本质。在这个不断变化的世界中，没有所谓绝对正确的教育方式。父母需要用心去感知孩子的真实需要，以孩子自身的特点为依据，随时准备调整教育策略，以最适合当前时刻和环境的方法来引导孩子成长。

这种教育方式不仅是对孩子的教导，更是一种生活的艺术，一种与孩子共同成长的过程。通过这种教育，我们不仅教会孩子如何学习，更重要的是，教会他们如何生活，如何在生命的每一个阶段寻找和创造意义。

我们生活在一个心灵觉醒的时代，人工智能的兴起已经让我们清楚地看到，单纯的知识积累已不足以与机器人竞争。因此，教育的使命不能再局限于满足工业时代对标准化的需求。现在是时候将教育的焦点重新定位回到生命的起点——孩子自身。我们的目标是提升每一个生命个体的意识自由度，以真善美为我们的导向，激发孩子们的全息觉知力，保持对生活的敏感感受力，维系一种宁静而深远的宇宙心智，并开启他们的洞察与领悟能力。我们需要培养孩子们一种能够从一点看透事物本质的深度思维方式，引导他们通过丰富的体验积累非凡的人生智慧，而不仅仅是为了知识的积累。

柏拉图曾经说过："知识就像医药一样，也需要医生处方才能选择性适量地服用。"这意味着不是所有的知识都适合每个人，每个人需要根据自己的特质选择适量的知识。如果教育只是一味地灌输知识，忘记了开启以人为本的慧性，忽略了人与生俱来的感知力，最终，知识就会变成毒药。这会使人变得固执、迟钝和僵化，失去生命本应有的灵动和自由，困在自我搭建的"知识库"框架内，难以获得真正的解脱和成长。

在人类的知识海洋中，知识代表着别人过去的经验，而智慧则是我们自己的经验之总结。这两者都是时间的子产物，都是在时间的长河中逐渐沉淀下来的。然而，如果想要真正理解无形存在的"有"与"无"的变化，我们还需要一种直接领悟的知晓能力。这种能力如同一面明镜，能够清晰地反映出当下事物的真实本质。这种"知晓"永远固守在"此时此地"，让我们能在不断变化的现实中，捕捉到"道"的永恒根基。

知识、智慧与知晓在本质上有着显著的差异。知晓是一种基于当下存在的直观反应，是一种跨感官的共鸣，是心灵的直接感应。它能让人在一朵盛开的花朵中看到生命的深刻意义，在日月更替中感受到宇宙的循环规律，在一呼一吸之间感知到生命的平等，从万事万物中认识自己……

那些经历丰富的人可能拥有深厚的智慧，那些学识渊博的人可能拥有广泛的知识，但只有孩子能够真正做到即刻的领悟。这就是为什么老子教导人们"复归于婴儿"，西方经典中也宣称"只有那些像小孩子的人，才能进入我的国"。在这个不断变化的世界里，只有当我们像小孩子那样放下对过往经验的执着，清除对未来的担忧，才能真正地安静下来，保持一个活生生、充满真实感的存在。

当我们开启了知晓模式，生命仿佛变成了一条自由流淌的河流，轻盈而充满活力，它能自然地筛除一切表象，坚守于事物的本质。就像《论语》中所记录的孔子那样，面对不同的人提出相同的问题时，他的回答总是千变万化，有时甚至前后不一致，看似矛盾。然而，每一次的回答都针对那个特定时刻的情境，为对方提供了最贴切、最富有智慧的答案。

孔子的智慧如同一面镜子，他的心灵并未被过去的经验所束缚，每一个答案都是即兴而生，源自他的本质深处。他的回答并不是为了表现自己的知识或智慧，而是为了照见提问者的内心世界，反映出提问者当时的需要与状态。这样的回答不仅展现了问题的多面性，也体现了解答者对于当前情境的深刻理解与适应性，因此给出的每一种回答都是提问者当下可以获得的最好的答案。

所以，教育要从高处着眼，低处着手。在静空中，感受、知晓每一个孩子的独一无二；在敬畏中，照见、保护孩子的先天感知能力；在灵动中，发现其与生俱来的天赋与智慧；在启发中，开启孩子直接领悟的知晓能力；在陪伴中，训练孩子直面本质的洞察力；在予夺中，延续孩子对探索未知的好奇与热情；在理性中，树立孩子对自我生命负责的能力；在无争中，培养孩子专注解决问题的创造能力。

在实施教育的过程中，我们需要根据不同情况灵活运用感性与理性的平衡，创造各种教育方法。我们设计静心的空间，引导孩子去观察和感受这个世界，思考生命的意义，并激发他们内在的使命感，尽可能地挥洒自己的创造力。

在这一过程中，父母需要拥有足够的智慧和耐心，扮演着至关重要的角色。如同之前所说，饱含智慧与热情的养育式陪伴，大于一切方法论；蕴含相信与耐心的等待，是最长情的告白。

我们生活在一个充满创造奇迹的世界，通过想象和创造力，将纯粹的思想转化为现实，从而建造了无数的精神与物质文明。

当你真正认识到生命的价值，见到每个人的独特之处，焦虑便不复存在；当你清晰地看到自己及孩子的天赋时，你会自然而然地选择最适合的方法，带领自己和孩子一起成长，共同成为人类文明的建设者。教育的真正意义应该从生命的原点启程，去深入了解自己，全面理解生命的奥秘，洞察这个世界，并通过自己的激情与渴望，创造出生命的无限可能。

而你，作为一个教育者和养育者，自然成为孩子最优秀的导师。通过这种教育，不仅是传递知识，更是在引导孩子如何成为未来的创造者，在变化莫测的世界中寻找自我，实现自己的潜能。

在这个快速变化的世界中，许多父母和教育者都在不懈寻求那个"最好"的教育方法或"最佳"的教育模式。然而，重要的是要认识到，每一种教育理念都有其独特的意义和价值，没有绝对的"最好"或"最佳"，只有最适合当前孩子的方法。

作为父母，如果我们纠结于寻找完美的学习方式，可能会发现这是一个无止境的追求。因为每位教育者的方法都可能从某个角度看是重要和正确的，但不一定适合你的孩子。例如，赏识教育通过持续的认可、鼓励和表扬，能极大地提升那些自信心不足、自我否定的孩子的信心，帮助他们超越自我限制。但对于那些天生自信、活力充沛的孩子，这种方法可能会无意中培养出他们的傲慢和自大，使他们过分关注外界的认可。一旦这种认可缺失，他们可能会迷失方向，甚至陷入自我否定或抑郁的状态。

再比如，严格的规则教育，它强调纪律和挑战，可以锻炼孩子的意志力和规则意识，让他们在面对困难时不轻言放弃，培养出坚韧的性格。然而，对于那些天性害羞、内向的孩子，这种教育方式可能会适得其反，使他们感到压力过大，甚至影响到他们的身心健康，从而丧失独立思考的能力。

因此，教育必须以孩子为本，充分考虑孩子的个性和实际情况，选择最适合他们的教育方法。这种个性化的教育观念不仅尊重每个孩子的独特性，还能更有效地引导他们健康成长，成为自信、独立的个体。

作为父母，如果你想知道现在什么教育方式最适合你的孩子，最好的方法就是静心观察，细心体会，用心感受，你的心将会向你清晰地揭示答案。没有人比你更了解你的孩子，甚至超过他们的老师。因为你和孩子不仅分享着相同的生命，还有那份珍贵的灵魂连接。你自己的人生经历和所感所受，都能帮助你理解孩子的感受和思维，作为亲历的体验者，你的心深知如何应对每一个挑战。

在教育这条路上，"法无定法"，所有的教育行为都应当源于心灵的感召。只要符合生命的最高利益，无论是通过爱心抚养、规则设定、严厉要求，还是选择放手让孩子自主成长，这些方法都是智慧而有效的。"生命的最高利益"是指通过你的养育让孩子的灵魂得到升华和净化，使他们能在离开这个世界时，无怨无悔地说："我活过了，我做到了！"

因此，基于符合生命最高利益的教育理念，无论你选择哪种方式来教育孩子，最终目标都是让他们能够独立承担起生命的责任和人生的使命。

在充满爱与关怀的教育旅程中，你的任务是细心观察孩子的每一个小动作，从中发现他们与生俱来的才能，尽早帮助孩子找到他人生中那件最有热情、最擅长的事情。用心去感受孩子的心灵，鼓励他们勇敢地做自己，树立梦想，并激发他们的创造力。随着孩子逐渐长大，他们的兴趣、爱好甚至梦想可能会随之变化，这一切都是成长的正常部分。你所需要做的，就像耐心等待一颗苹果种子发芽、开花直至结果一样，静静地支持和等待。

直到有一天，孩子突然明白自己的使命，兴奋地跑来告诉你，甚至想要向全世界宣布自己的梦想。那一刻，你会感到无比的欣慰和幸福，因为你知道，你已经给予他生命中最宝贵的礼物——勇气和自由去追求自己的梦想。他也会因为你帮助他重新发现自己的人生使命而感到深深的感激和快乐，这将激励他勇敢地继续前行，绘制出自己生命的精彩轨迹。

3. 掌握教育的根本思维

真正的教育要引导孩子认识自己，启发其思想。只有通过启发思想，才能让人穿越生活中的种种迷雾，真正地改变命运，改变生活。我们用什么样的眼光看世界，世界便是什么样子。一旦我们改变了看事物的角度，世界也因此改变。真正的教育是一场关于自我发现和思想启发的旅程。它的目标是引导孩子认识到自己的内在潜力，激发他们的思维力量。只有通过这种深层的思想启发，我们才能够清晰地穿透生活中的迷雾，实现真正的人生转变。正如我们的视角决定我们看世界的方式，我们的世界也会随着我们的视角而变化。当我们改变了看待问题的角度，整个世界也似乎随之而变。

生活中的每一次困扰和痛苦，都是对我们的一种提醒，告诉我们需要提升思维的高度，修正自己的角度。这种教育不仅关乎知识的传授，更关乎思想的觉醒，它教会我们如何以全新的视角看待挑战，如何在变幻莫测的生活中找到方向和意义。

教育是一件需要持续刷新思想和策略的事务。我们必须用全新的思想和智慧力来取代陈旧的观念和行动，以刷新的洞察力和深度的思维来清晰地识别和解决遇到的教育难题。作为父母，提升自己的思想层次，扩展认知视角，深化对生命本质的理解，增强心灵的敏感度，将自己的存在提升至一个更高的层面，这些都是带领孩子成长、解决教育困惑的根本方法。

关键在于自我提升，用全新的思维和态度去面对那些看似相同的问题，你会惊喜地发现之前的烦恼仿佛瞬间消散。这是因为我们的周遭环境实际上会随着我们的心念而改变。精神

第五章　构建卓越人生的核心理念

世界与物质世界是并存的，当你能像真正的智者一样，透过纷繁的表象，直接洞察事物的本质，问题便会在不知不觉中被解决。通过洞悉生活中事物的"吉凶悔吝"循环规律，你将掌握"祸福相依、否极泰来"的转换智慧。这将使你能够创造一个全新的"矩阵世界"，一个充满自由和可能性的生命。

学习是追求生命终极意义的唯一途径，养成终身学习的能力和习惯，对于父母和孩子都至关重要，教育则提供了实现这一目标的技巧和工具。然而，重要的是不要过分依赖这些工具本身。正如古语所说，不要只注视"指月之手"，而应直视"月亮"本身。我们的目标应当是教育的真正指向——生命本身。

教育的真谛在于引导我们和我们的孩子，不仅仅是学习如何使用各种工具和技巧，而是通过这些手段来深入理解和体验生命的丰富多彩和深邃意义。这种理解将帮助我们更好地认识自我，实现潜能，与周围的世界和谐共生。

在现代社会，大多数人遵循传统的教育模式，顺从社会的惯性力量，认为这是教育子女的正确方式。但是，站在时代的十字路口，我们不禁要问：这种普遍的方法真的是最佳的吗？你是否关注过每年大学毕业生的就业困难、收入水平、生活质量以及他们的精神状况？你是否注意到了学历竞争的白热化，本科学位已不再具备以往的吸引力，而博士学位泛滥成灾，同时，企业却仍面临用工荒？你是否察觉到与国际标准相比，我们的创新能力明显下降？或者你是否意识到，当前大多数年轻人的幸福感和健康状态较以往有所下降？

"众人皆有以，我独顽以俚。我欲独异于人，而贵食母。"这句古语揭示了一种深刻的教育理念——在一个遵循传统、按部就班的教育体系中，要敢于有所不同，敢于回到教育的根本。

面对这些现实问题，一些具有远见的家庭先行一步，采用不同的思维方式——正如老子所说的"独顽以俚"，先知先觉地突破现有教育的局限。作为父母，我们不能仅依赖学校和培训机构来教育子女，而应积极参与，承担起培养孩子的责任。想象一下，如果每个家庭都自主承担起教育子女的主要责任，以尊重生命为核心、以发展个体天赋为支撑，我们将迎来一个怎样的百花齐放的新时代。

在这个时代，若想"独异于人"，塑造一个与众不同的孩子，你需要拥有一种抓住"教育之母"的思维，具备重新回归生命本身、重新思考和采取行动的勇气与智慧。通过深根于生命的教育，帮助孩子发现自己的天赋和使命，鼓励他们按照自己独特的方式在创造的道路上前行。

通过这种方式，即便外部世界波动不定，孩子们也能将变化看作是生命的一部分，将这些挑战转化为成长的动力。这种教育不仅是技能的传授，更是一种生命智慧的启发，让孩子们在任何情况下都能坚持自己的核心价值和目标。如此，无论外界环境如何变化，他们都能在不断变化的世界中保持内心的稳定。

无论是从历史长河的宽广视角看到人生的短暂性，像白驹过隙般迅速，促使我们思考如何珍惜时间和精彩地过好每一天；还是从神秘宇宙的超维度角度观察，认识到虽然生命微小如尘埃，却无比珍贵，从而感悟到生命的真正价值和深意；抑或是从每一个独特个体的微观层面审视，感受到每个人的生命都不容易且独一无二，激发我们探索自己生命的方向和目标……无论从哪个角度审视教育的目的，你都将发现，教育是服务于生命个体完成人生使命的路径，是帮助每个生命个体实现其生命路径的工具，是自我完善和提升的过程，是教我们智慧地度过人生的关键因素。

这一切都与"竞争"无关。然而，现代教育系统往往过分强调比较和竞争，将人的思维和精力导向外求认可，攀比竞争，追求所谓的外在认可的"成功"，使得人们陷入无尽的焦虑和恐惧之中。在这种节奏中，我们忘记了向内探寻，忽视了自我认同的重要性，失去了体验生命的美好，错过了实现本我生命的内在目标。许多人可能直到生命的最后一刻才发现，自己从未真正拥有或享受过生活，那时后悔已为时过晚。

在这种由恐惧和焦虑主导的低频环境中，父母往往会无意识地将这些情绪转化为教育孩子的方式，而原生家庭的问题和童年的伤痕往往需要一生来修复。因此，家庭教育的目标应该超越简单的竞争，转向内心的探寻，关注每个人的天赋和生命目标，强调自我提升，旨在成就一个幸福的人生，而不仅仅是表面的成功。成为幸福的人，而非仅仅成功的人。

4. 信任生命自发的力量

老子曾教导我们："人法地，地法天，天法道，道法自然。"这句话提醒我们，一切生活的规律都应遵循自然的法则。庄子则提出："天地与我并生，而万物与我为一。"这表达了与自然界的和谐共生。孔子赋予我们对自然景观的深刻喜爱："知者乐水，仁者乐山。"而亚里士多德也指出："一切艺术与教育，只不过是自然的附属物而已……"这些思想巨人共同强调了从自然中学习和启发的重要性。

在这世上，到处都有懂得随时从自然界中汲取智慧的人们，几乎所有的智者都在告诉我们，要以大自然为师，从观察自然中领悟智慧，得到启示。大自然，就像一本翻开在每个人面前的大百科全书。

在今天的世界里，尽管自然依旧是智慧的源泉，很多人却渐渐忽视了这部伟大的著作，不少孩子甚至患有所谓的

"自然缺失症"，对小虫子感到恐惧，对泥土嫌弃不已……然而，如果我们能够静下心来，细心观察、深入体验自然的奥秘，就会发现大自然愿意向我们展示其中蕴含的深刻智慧。

当我们细致地观察不同种类的种子时，我们会发现它们每一个都承载着深奥的哲理。想象一下，一粒健康的种子被植入肥沃的土壤，无论它是何种品种，都将在时间的流逝中，利用土壤和阳光所提供的养分，自然地成长为它注定的模样。人们可能会用"努力成长"来描述这一过程，但这实际上是从人类的视角出发的解释。对于种子本身而言，它并不需要"努力"，也不存在迎接暴风骤雨的"坚毅"，它只是静静地做自己，顺应自然的规律，充分地展现自我。

这个过程是种子自然而然的表达，它不需战胜何种困难，不需克服何种挑战，只是简单地、自然地展开生命的旅程。正如这些种子，我们也许应该学会更多地顺应自然，不强求，学会在生活的每一环节中找到和自然的和谐相处之道。

想象一下，一粒苹果种子，它埋在土中，最终长成一棵枝繁叶茂的苹果树，结出香甜的苹果；一粒葡萄种子，它将发展成为葱郁的葡萄藤，挂满晶莹的葡萄；一粒葵花籽，最终转变为一株高大的向日葵，面朝太阳，结出满满的葵花籽；即便是一粒不起眼的野草种子，也将长成抵御风雨的劲草……这一粒粒看似不起眼的种子，已经在不为人知的时光中，为自己以后的绽放奠定了所有基础，它们的生命轨迹仿佛早已被神秘的力量所设计，它们早已为自己设计好了潜在的未来！人类可以通过观察，发挥想象力，在脑海中提前脑补描绘勾勒出它未来的画面。

同样，每个人也蕴藏着无限的潜能和天赋，这些潜能在生活的阳光、空气、水分和必需的营养下，会随着时间的推移慢慢显现，逐步成长为其最本真的模样。然而，与植物不同，人的未来不仅受到自然条件的影响，更由个人的志向和自我的要求所塑造。作为人类，我们拥有自由意志，可以选择自己的成长路径，也可以选择放弃发展自己的潜能。

当你通过深入了解自己，激活那些藏在基因深处的潜能时，你也能如同一棵挺拔的大树般稳健成长，或者像一朵绚烂的玫瑰般绽放生命的美丽。到那时，你便实现了自我内在的成就。教育的真正目的，就是引导孩子通过深入的思考来认识自己，做出有利于自身成长的明智选择。

充满智慧的大自然总是保持着丰富的物种，尽可能地创造出多元性的存在。以热带雨林为例，其中有些树木为了获取充足的阳光，深深地将根扎入泥土，而地面上的部分笔直地向天空伸展，巧妙地突破了地面狭窄空间的限制。而那些藤本植物则依附在其他粗壮的树木上，以获得更多的支撑和生长空间；还有些植物，它们只浅浅地覆盖地表，生长在潮湿阴凉的地方，如同吸水海绵般储存养分……

这些植物之间的关系，完美地展现了相互配合与补充，它们默默生长，不求赞美，不期待掌声，不去做比较，只专注于自己的存在和成长。它们通过不同的叶形和根系方式，智慧巧妙地分配了阳光、空气和土壤，创造了一个相互依存的和谐共存环境，使得每一个物种都能以其独特方式茁壮成长。这种多样化、丰富化、相互利用且配合的存在方式，激发出万物最大的生存能力，释放出每一个物种的独特潜能。

在大自然中，不存在单一化、统一的、片面的、呆板的，固定不变的生存方式，因为任何片面单一的生存方式最终都会失去活力，走向衰败和消亡。同理，这对教育而言，也提供了深刻的启示：教育同样需要建立在多元化和生命多样性的基础上。我们应当信任生命本身的智慧和生长力，相信每一个"种子"自有其成长的本性和轨迹。要相信是什么样的种子，就会自然而然地长成他原本该有的样子。

这种对自然法则的深信不疑，这种对生命成长的信任是人类最高的智慧所在，它能消解焦虑和恐惧，让一切顺其自然。采纳这样的教育模式，能够最大限度地释放孩子的潜能，开启他们的天赋，创造出一个丰富多彩、百花齐放的未来。

教育孩子的过程，首先是对他内在生命力量的深信不疑。正如我们细心观察每一粒种子，识别它将成为何种植物一样，父母应当仔细发现孩子独有的"种子"本质，启发他认识自我，并引导他选择适合自己的成长路径。这包括提供必需的养分和适宜的环境，将生命成长的权利交还给他本身，让孩子的生命自由地成长，用耐心与信心耕耘当下，相信他们内在拥有一股动力，一旦感受到"时节"到来，他就会全面绽放，给这个世界展现出他本有的美好。

　　作为父母，我们不能因为恐惧或急于求成而试图加速这个过程。拔苗助长，只会适得其反，可能在孩子还未准备好时就将"种子"扼杀于摇篮之中，剥夺了他们成长的机会。从孕期开始，父母就应该注意观察和记录，从种种蛛丝马迹的细微之处发现孩子的特质和天赋。然后再通过教育孩子的过程，帮助孩子构建一个独一无二的个人身份。一旦这个身份确立，孩子便可以顺着这个清晰的定位，全力专注聚焦，根据自己的"时节"去做他人生中关键的那件事情。这件关键的事情是他的热情和天赋所在，更是他最擅长的事情。一旦找到并启动人生关键的这件事情，就等于一粒"种子"破土成功。

　　至于何时"开花"和"结果"，那是自然规律的事，时间终将揭晓。这便是大自然赋予我们的智慧：信任生命的节奏，耐心地等待，而不是强求。通过这种教育模式，我们不仅帮助孩子释放潜能，更教会他们如何在生活的每一个阶段自信地展现自己。

"大道甚夷，而民好径"——老子的这句话启示我们，通往真理的道路其实非常简单和平坦，但人们往往不愿相信简单就是美好，反而认为复杂和艰难才显得珍贵。我们倾向于将简单的事情复杂化，误以为只有复杂才能蕴藏深邃的智慧。然而，真正有价值的东西往往是那些最简单的——如阳光、空气、水，以及爱与信任。

当你真正理解到"信任是世界上最大的力量"这个观点时，再来看教育，你会发现是如此简单。你的教育方式会由原先翻山越岭的费力登山模式转变为"无为而为"的顺势冲浪模式。你会开始相信，只需做好自己该做的事，然后放手，信任自己的孩子。

你所需要做的，就是释放内心的恐惧和控制欲，坚定地信任你所看到的孩子这颗"种子"。不断运用"果因法则"观想你能看到的孩子未来成功后的样子，就像你看着一颗苹果种子，脑海中自然浮现出一棵结满果实的苹果树，你相信这颗种子终将结出丰硕的果实。当你对生命的本质有了更深的理解，你的内心就会拥有确信的力量，做事就敢于承担起责任。同时，你的敬畏之心和恭敬之心也将随之增强，更加开放地接受内心力量的引导。

作为父母，当你经历了这样的转变，你将蜕变成为孩子心中最好的父母。

5. 培养卓越的五大秘诀

　　父母在孩子的生命里，首先扮演的角色是物质的供养者、情感的依恋者以及人性的模仿者。孩子一出生就依赖父母来满足其基本生理需求，如吃、喝、冷暖增减等，同时也寻求精神和情感上的滋养以促进心智和心灵的成长。亚里士多德曾说："人在出生的状态，不是完整意义的人，经过二十几年的人化过程，才使他变成了人。"这个过程，即是养育，它唤醒了孩子的人性，标志着情感发展的起点，是爱与信任的能量流动与储藏。

　　养育孩子涉及两个阶段：早年的养育和随后的教育。在孩子6岁之前，重点在于"养中育"，即在日常养护中融入教育元素，而6岁之后，则在于"教中育"，即主要聚焦于通过教育促进成长。一旦孩子发展了独立的思考能力，"自我教育"便开始发挥作用。养育在前，教育在后。养育是教育的基础，它关注情感的传递、规则的建立、人格的构建、性格的培养、价值观的形成等。教育则通过知识与智慧的传递，启发孩子如何优雅地度过一生。

　　在养育中，父母给予的即时反应和反馈对孩子产生直接的感知和心理影响，孩子会通过感受明白当下这件事情的正确与否。养育者的这些基于当下的反馈、反应行为让孩子形成一种知觉、心理及思维定式。随着时间的推移，孩子通过这些反馈形成了一定的行为定式，这时候习性就慢慢形成了。英国哲学家约翰·洛克认为：人生下来是不带有任何记忆和思想的，人所经历过的感觉和经验才是塑造思想的主要来源。他曾经说："人的心灵一开始是空白的，一个人的品格和能力，全赖于所接受的教育。婴儿时期所受的琐碎印象，都会造成重大影响，它们是自我的'白板'留下来的第一印记。例如不能吓唬小孩晚上会有鬼怪出没，小孩会因此把夜晚和鬼邪恶结合在一起，从此再也摆脱不了这些噩梦。"他强调了婴儿期经历的重要性，认为早期经历对孩子有长远的影响。

古语云"三岁看大，七岁看老"，意味着当孩子的早期习惯、心理模式、思维模式一旦形成定式后，行为也形成定式。当习性产生之后，就可以通过他的行为和习性模式推理出他未来的命运。法国启蒙思想家爱尔维修说："人刚生下来，原本没有性格，人会有荣誉感和爱心，是后天教育的结果。人人都具有相同的学习能力，教育具有无限潜力，能解决人类的思想行为问题。"

所以，养育孩子的初期阶段极为关键，特别是在孩子6岁之前，这个阶段大大决定了孩子未来的发展前景。更具体地说，3岁前，父母的陪伴尤为重要。

一个震撼的例子是1920年在印度加尔各答附近山村发现的狼孩。两个人类孩子，卡玛拉和阿玛拉，被发现与狼群一同生活。卡玛拉八岁，阿玛拉两岁。他们的生活习惯完全模仿狼，四肢行走，白天睡觉，晚上活动，怕火和光，饮食习惯也完全野化。尽管卡玛拉在被发现后接受了七年的教育，她只学会了极少的词汇，直到去世，她的智力仅相当于三到四岁的孩子。

这一案例不仅凸显了早期养育的重要性，还警示我们，在养育孩子的过程中，父母要全面关注孩子的身体、心智和心灵三个方面的培养。任何一方面的忽略都可能造成不可逆转的影响。除了注重身体的养育外，决定一个人行为与成就的根本因素是他内在的心智与心灵的发展水平，而早期陪伴与养育的质量将影响其终生。意大利教育家蒙台梭利曾说："人作为一个精神的存在，要借由肉体把自己表达出来。"一个人的性格是好是坏，大脑是聪明还是愚笨，品德是高尚还是卑下，一生是杰出还是平庸，主要取决于他的"心智和心灵"的发育状况，而与他的肉体发育基本无关。

因此，作为父母，要想使孩子成长为卓越的个体，必须亲自参与到他们的养育和教育中。特别是在孩子6岁之前的关键成长期，父母的教育原则应是"恩威并施"。恩在前，威在后。

第五章　构建卓越人生的核心理念

　　孩子出生后先做好物质提供和情感呵护，用无条件的爱培养孩子的情感安全感，形成依恋的亲子关系，有恩于他；然后随着孩子年龄的增长，在孩子一岁半左右，逐渐加入规则和行为的教导，以形成观念与性格养成，这时要立威于他。性格培养越早越好，在他反抗行为少的情况下为他建立性格模式。父母在告诉孩子规则的过程中，要明确解释原因和后果，明确告诉孩子为什么，或不遵守规则的后果是怎样，这样有助于孩子理解和接受，孩子的观念也在同步形成。比如，玩具从哪里拿的，要放回哪里等简单规则。

　　养育过程中，父母的每一点努力都是对孩子未来的投资，是在为孩子打下一生受益的基础。养育孩子的过程也是父母辛勤的付出、累积教育资本的过程，6岁之前父母的努力将让孩子受益一生。

　　西方近代自由主义的代表人物约翰·穆勒，曾分享他的个人经历，证明了早期教育的强大潜力："在成长的初期，只要接受适当的训练，孩子能够吸收和理解的知识量远超过我们常人的想象。我自己在小时候就完成了高等学校的全部课程。事实上，我生下来所具有的才能，还不如普通人。我敢说，任何具有普通体质和一般能力的人都能达到我所做到的。我的成就，完全得益于我父亲的早期教育。"穆勒的例子说明，这个世界是公平的，父母的用心付出总会在未来以某种形式得到回报。

尽管父母养育孩子是出于无条件的爱，并不期待回报，但当孩子在某些方面面临困难时，我们所见的通常只是问题的表象。一切的根源都是岁月积淀的结果，都在于早期的积累与养育方式。因此，父母需要学会未雨绸缪，做好前期孩子的养育和教育，精心规划孩子的早期养育和教育。这包括无条件地接纳和爱护他们，投入大量时间陪伴他们，以敬畏生命的态度欣赏他们的成长，不断鼓励他们，并为他们营造一个丰富多彩的生活环境。父母应多跟孩子交流，及时发现并肯定他们的优点，提供多种感官刺激，以促进孩子的大脑和心理健康发展。

　　父母要站在孩子的背后，做他的强大的支持者，持续地给他精神提供养分，使他的身体、心智与心灵得以全面发展。随着时间的推移，孩子会因你耐心的陪伴，感到自己是安全的，消除了他对未知世界的恐惧；他会因你无条件的爱和接纳，开始勇敢地探索周围的世界，从而使他逐渐找到了"自我价值"；他会因你的鼓励与赞赏，敢于向外拓展，了解这个世界，继而敞开内心，开始与人交往；他还会因你的尊重与平等，开始建立个人自信，发现自己的热爱与所长……

　　父母在对孩子的用心养育中，就能获得孩子的信任与依恋，而具有信任与依恋的亲子关系，是孩子对这个世界信任的一个起点，为他们未来的人生奠定坚实的基础。

　　孩子在6岁之前经历的"养中育"阶段，可以进一步细分为0到3岁和3到6岁两个关键期。在这个时期，父母应当采取"倒计时"的心态，认识到每一天的重要性。这个阶段，孩子的大脑如同一块海绵，能全面吸收周围的信息，这时大量无意识的输入将为孩子的一生奠定坚实的基础。

教育家卡尔威特提出的"才能递减法则"强调了早期教育的重要性：人的潜能随着年龄增长而递减。越接近出生时，孩子对环境的适应能力越强，随着年龄的增长，这种能力逐渐减弱。如果说出生时的潜能是100%，到了5岁，潜能就已经衰减至80%；到了10岁，即使接受再好的教育，也只能开发出剩余60%的潜能。因此，对孩子的教育必须尽早开始，开始越早，取得的效果就越显著，胎儿期具有无限的能力！

从胎儿期到3岁，孩子具有非凡的吸收力，被视为天才般的存在。3至6岁，孩子仅通过游戏就能发展出优秀的素质。6岁以后，成就优秀的素质需要更多的努力。这说明，早期教育不仅是学习的基础，更是养育的核心。

即便是天生聪明的孩子，在出生时有很好的起点，如果在早期没有得到适当的培养，也难以充分发挥其潜力。相反，即使天赋平凡，合适的早期教育也能使孩子成就非凡。因为根据生物学、生理学、心理学等学科的研究表明，每个人生来都具备某种特殊的能力，这种能力隐蔽地潜藏在我们体内。这种潜在的能力，也就是我们所说的天才能力。因此，天才并不是我们平常所认为的那种只有少数人才具有的禀赋，而是潜藏在每个人的内心的潜力。

我们的人生就像一块画布，幼年的经历为我们的一生涂上了底色。在幼儿期给予的教育和经历将决定一个人的人生底蕴和色彩。给予什么样的教育，就会形成什么样的人生底蕴。因此，父母应当在孩子的成长初期，无条件地给予爱与支持，同时用敬畏生命的心态欣赏他们的成长，积极地为他们的未来绘制美好且丰富的底色。

0到3岁是人生极为关键的阶段，因为这一段时期，孩子大脑接受外在信息的方法与数量会影响他的一生。在这个阶段，通过稳定的亲子陪伴和细致入微的抚养，与孩子建立起深厚的依恋关系，这是孩子情感发展的黄金时期。情感的塑造始于孩子还无法自理时，父母的每一个呼唤、每一次抚摸、每一次照料以及眼神交流的细节，都会让孩子记住你的声音、气味、面容和感觉。

从孩子4个月大到半岁期间，他们的基本认知已经开始形成，这时他们对养育者的依恋关系基本确立，而依恋是情感的初形态。当这种充满安全感的情感得到满足后，孩子将开始对外界展现出信任，进而发展出亲情和其他情感类型，这是人性的核心所在。

孩子在1岁半前，父母的角色不仅是提供爱，立恩于孩子，建立起稳固的心理资本；也需要适度地树立权威，注意规则秩序的养成。例如，如果孩子通过哭闹得到他想要的东西，他会学会使用同样的方式来解决问题，所以早期规则秩序的建立相当重要。如果这个时期孩子习惯于用哭闹、发脾气来达成自己的目的，这会导致他长大后用不恰当的方式情感勒索他人来满足他的要求。因此，这个时期父母一定不能纵容孩子的无礼行为，当孩子无理取闹时要对孩子严格，在尊重孩子自尊的同时，坚决而理性地告诉孩子，哭闹等情绪是没有任何作用的，不能解决问题。父母要把握教育机会，以最简单的方式让他明白道理，而不是长篇大论和喋喋不休。父母要告诉孩子使用哭闹情绪是自己无能力的表现，人在情绪中无法说明问题，也无法解决问题，他人也会被哭闹声带入情绪中，要学会用平静理性的方式表达。

当孩子表现出过激情绪时，父母应教他如何快速平静下来，从情绪中走出来，恢复思考能力，比如让他在一个小空间内独处一会儿，这有助于孩子学会自我调节情绪，增强同理心和理性表达的能力。这不仅是性格养成的基础，也是孩子未来成长为独立个体的关键。

这个时期的孩子对反复重复的事物不会厌烦，所以3岁以前也被视为关键的信息灌输时期。婴儿依赖于他们的本能感知，拥有在瞬间识别复杂模式和掌握整体模式的能力，这是成人远远不能及的。伦敦大学莱斯利塔克教授通过研究表明：
"在生命的最初两年中，脑细胞以令人难以置信的速度生长和
发挥影响力，一两岁小孩的脑神经细胞之间的连接比成年人
高出150%。"在这一阶段，孩子的大脑还处在一个空白状态，
具备一种无须通过逻辑推理即可直接领悟和知晓的吸收能力。
在这一时期，父母应当一方面反复地向孩子灌输语言、音乐、
文字、计算和图形等奠定智力的大脑活动基础模式；另一方
面，应当教授孩子人生的基本准则和态度，帮助他们养成良
好的生活习惯，并引导他们学会细致观察，培养一种心灵全息
的领悟能力。

通过探索和体验新鲜事物，对这个世界的好奇心会被极
大激发。

3至6岁这个时期是塑造孩子良好性格和生活习惯的关键
时期，也是他们建立与人沟通、交往等社会行为方式的重要阶
段。从这个时期开始，为孩子提供丰富多样的学习材料变得
尤为重要。依托于0到3岁时期所打下的基础，父母此时要开
始立威于孩子。孩子在这个年龄会经历许多人生中的"第一
次"，通过探索和体验新鲜事物，他们会对这个世界产生强烈
的好奇心。在这一过程中，父母的角色是敏感的观察者和及时
的教导者。我们需要细致观察孩子的行为和反应，抓住每一个
教育机会，引导孩子学会从自己的角度感受和思考问题，并教

他们换位思考，理解不同的观点。这不仅帮助孩子辨别是非对错，还助力于建立正确的思维和行为模式。

随着孩子步入6岁，养育的重心自然转向了"教中育"。从这个阶段开始，孩子阅读过的内容，走过的地方，见过的牛人，一起学习的伙伴以及他们所处的生活环境，都将对他们的未来产生深远的影响。从这一时期开始，孩子要充分扩展视野，学会思考，他们所经历的每一件事都可能成为塑造其未来的关键因素。

在孩子6至12岁这一关键期，父母的任务是培养孩子的独立生活能力，教他们学会承担自己的生命责任，尽量做到不麻烦他人。父母需要及时对孩子的心理状态和行为模式进行观察、引导和适时的干预，帮助他们形成良好的行为和学习习惯。此外，父母应支持孩子探索并发展其独特的天赋和特长，引导他们学会如何通过贡献价值，从而对自己充满自信。

当孩子步入13至16岁这个阶段，他们的教育重心主要集中在知识学习上，同时这也是他们通过个人才能和兴趣尝试创作独一无二作品的时期。在这一过程中，青少年不仅能够展示他们的特长，而且通过这些早期的创作，对自己的能力和未来的方向有了更清晰的认识，逐渐发掘出自我价值。然而，如果在16岁之前，孩子们没有得到父母师长足够的引导和支持，他们的慧性没有得到及时地开启，则无法开展有意义的人生思

考。这时就可能会在大量信息的刺激与冲击下迷失方向，沉迷于逃避现实的游戏或困惑于自我生命的意义。

一般来说，到了16岁之后，青少年的自我教育正式开始。在这个信息爆炸的时代，孩子们往往因为接触了大量信息而提前成熟。如果父母和教师能及时地引导他们，这些早熟的孩子便能尽早学会独立思考和规划自己的人生，开始尝试掌控自己的命运。

父母在养育孩子的过程中，要注意五点：

一、父母要注意自我的情绪频率调整

在日常与孩子的相处中，保持一个正面积极的态度至关重要；当面对挑战或问题时，父母应尽力转换视角从不同角度寻找问题发生后积极的一面，管理好自己的情绪。这不仅有助于父母自身保持心理健康，更是在无形中塑造孩子的思维方式和性格。通过这种方式，父母可以潜移默化地培养出乐观和积极的孩子。在生活的点滴中，孩子会学习到如何面对生活的起伏，如何从每次失败中寻找成长的机会。这样的教育方法不仅关乎知识的传授，更关乎性格的养成和生活态度的形塑。

二、注重家庭氛围的建设

家庭氛围的构建对于孩子的成长至关重要。父母是孩子的第一任老师和终身的榜样。在一个充满爱、理性、支持和成长的环境中养育孩子，可以极大地影响他们的未来。家中的长辈也应尽可能地活成孩子敬仰的榜样，让孩子内心真正感受到对家族的归属和自豪。在尊敬和仰慕长辈的过程中，孩子将被激励去自我提升和追求卓越。

家庭成员间的互动是孩子学习信任和责任的第一课堂。家庭成员要积极提升家族的视野格局，做好家庭发展、孩子教育的长远规划，建立家庭价值观，建设家规、家训、家风。从家庭成员的互动中，孩子将从中学到，相互信任最可贵，信用值就等于财富量，家族一代代的积累不仅在积累物质财富，也是在积累信誉和信用值。通过家庭成员积极的互动和长远的规划，孩子将理解到承担家族责任的重要性，从而激发他们对家族未来发展的责任感和担当心。

家庭内部的和谐关系是养育优秀后代的关键。夫妻关系的和谐、亲子关系的健康以及其他家庭成员间的相互理解和支持，都构成了一个孩子成长的坚实基础。家庭成员应该学会换位思考，用心理解对方的需求和期望，这种理解和包容是维系家庭和谐的基石。家庭关系和谐，是养育"贵子"的定海神针。特别是父母之间的关系，对孩子的人格塑造具有深远的影响。当父母同心，保持一致的教育态度和行为模式时，更能有效地支持孩子的全面发展。家庭和谐，家庭成员有目标，家族的力量才能对孩子起到助力的作用，让下一代成为有根的孩子。

三、父母要努力成长自我

父母的个人发展是养育孩子过程中的一个重要方面。父母要不断尝试突破自己的认知层次，打破既有的生活框架。这包括追求个人梦想，制定家庭发展蓝图，以及通过不断学习和自我完善来理性地生活。在这一过程中，父母要努力塑造理想的家庭生活方式，包括建立健康的饮食观念，精心挑选家庭书籍、影视和音乐资源，梳理家庭的财富观和理财方法。同时，在日常生活中不断地对孩子进行熏陶和教育，让孩子在父母的影响下找到并实现自己的人生使命。

四、高质量陪伴孩子一起成长

父母与孩子共同成长是一种"知行合一"的养育过程。父母需要从心底愿意与孩子一起改变和成长。在这个过程中，父母要观察孩子，观察他在想什么，对什么感兴趣，哪些最能激发他的热情，哪些心理和行为需要调整，在学习中要补充哪些资料。在反复确认和运用中，达成陪伴成长的效果，提升亲子之间的亲密感，父母要降维到孩子的年龄和心智，用他们听得懂的语言去交流，

第五章　构建卓越人生的核心理念

去引导。在这个高质量的陪伴过程中，父母虽然可能会成长得慢一些，不一定能跟上孩子成长的脚步，但正是这种勇于付出的态度和努力，将使父母在孩子心中成为最理想的榜样。这样有动力的全力以赴，身体力行，就会成为孩子心中最好的爸爸妈妈。

五、注重成长环境的拣选与打造

古代的智慧常常强调环境对孩子成长的影响。古时有孟母三迁的故事，"昔孟母，择邻处"，孟母之所以要搬三次家，是因为孟母明白良好的环境对孩子的成长及品格的养成至关重要。孟子之所以成为一位学识渊博的思想家，与他那富有远见的母亲密不可分。孔子的母亲颜征在，为了孔子的成长也搬家到适合孩子的成长环境。在孔子三岁时，孔子父亲叔梁纥去世，孔母随即带着孔子搬到鲁国首都曲阜阙里定居。在孔子的成长过程中，孔母不仅选择了合适的生活环境，还积极引导他参与社会和文化活动，如参加祭祀并与其他孩子一起学习基本的文化知识和礼仪。孔子之所以被后世称其为至圣先师，与孔母的早期教育有很大的关系。人会受环境的影响，荀子在《劝学》中说"居必择乡，游必就士"，强调环境对人有重要的影响，主张选择有利于学习的环境和良师益友，可以使人远邪近正，修身立德。法国启蒙思想家爱尔维修说："我们在人与人之间所见到的精神上的差异，是由于他们所处的不同环境，由于他们所受的不同教育所致。"英国作家乔治·爱略特也曾说过："就所有生物而言，即使最强烈的内在本质，在很大程度上是由其所处的外部环境而造成的。"孩子的居住的外部环境、学习场所和学习伙伴对于孩子的影响非常大。父母要观察感受孩子成长的环境，尽可能地做好调整，将环境的负向干扰降到最低。除此之外，父母在家中应创造一个有利于孩子学习的环境，如将学习区域和娱乐区域明确分开，帮助孩子在家中也能保持学习和生活的平衡。这不仅有助于孩子养成良好的学习习惯，还能培养他们在活动和静态之间自如切换的能力，即"动如脱兔，静如处子"的灵动状态。

6. 不争善胜的生命智慧

《道德经》，这部由老子所著的五千言经典，不仅在中国，而且在全世界享有盛誉。《道德经》源于老子直接的洞察和超越自我的深度体验，其内容跳出了传统的人本位思考，揭示了宇宙的深奥智慧，被誉为中国古代的超级智慧和伟大的东方哲学。

《道德经》的教育理念和方法深深植根于中国文化的博大精深之中，不同的读者可以从中汲取不同的启示。其哲学性和指导性极强，甚至西方的哲学家也在其中寻找对终极问题的解答。哲学家尼采将《道德经》比喻为一个"永不枯竭的井泉""满载宝藏，放下汲桶，唾手可得"，充满了无尽的智慧和宝藏。德国哲学家康德则认为："斯宾诺莎的泛神论和亲近自然的思想与中国的老子思想有关。"

历代学者对《道德经》的评价极高，司马迁曾说它能"究万物之穷"。纪晓岚赞誉其"综罗百代，广博精微"。《道德经》曾经帮助曾国藩走出生命低谷达到人生巅峰。就连鲁迅先生也说，不读《道德经》一书，不知中国文化，不知人生真谛。……

在《道德经》的五千字篇幅中，老子反复论述了"不争"的理念，突显了他对这一主题的重视与强调。从"不上贤，使民不争"，到"夫唯不争，故天下莫能与之争"，再到"天之道，利而不害；人之道，为而弗争"。仔细读来，你会发现老子用严密的辩证思想和一系列精炼的语句重申了"不争"的重要性，以及如何使用"不争"达到的人生最高境界。

老子认为，通过放弃争斗和竞争，个人和社会都能达到一种更高的和谐状态。这种"不争"的德行不仅能使人避免无谓的冲突，还能促进内心的平和与外在的和谐。他强调，"是谓不争之德，是谓配天，古之极也"。通过这些话语，老子向我们展示了一种追求和平与自然状态的生活方式，这是达到人生最高境界的关键。

如孔子所言："君子矜而不争，群而不党。"杨绛先生也曾说："我和谁都不争，和谁争我都不屑。"真正的创造者不受外在价值观的束缚，他们只是专注于自己的创作、探索和实践，自然地创造出独一无二的价值，并因此获得了世界的认可和喜爱。这是一种简朴生活和高尚灵魂共存的人生高境界。

对于教育来讲，在培养孩子的过程中，教育的本质不在于无休止的比较，而是在于引导孩子发现自己的独特性和内在潜力。从孩子年幼时开始，就应当培养他们的专注力，帮助他们认识自己，而不是将他们与他人相比。真正的教育，应避免将孩子置于无谓的竞争之中，如同一场无意义的比赛，让孩子为了超越别人而焦虑。

父母应抵制诸如"看看别人的孩子多优秀"或"你应该向那位'明星'学习"的言论。这类言论不仅损害孩子的自信，还可能让他们过分关注外界评价，从而忽视了自身的价值和能力的发展。相反，父母应该培养孩子的自我认知，关注孩子作为一个独立个体的成长需求，让孩子明白生活不是一场比赛，而是一段自我实现的旅程。

孩子如同土壤中的种子，只有在专注且被尊重的环境中，

覚

才能健康成长，最终开花结果。正如古人所说："唯有埋头，乃能出头。"即只有专注于自己的成长和发展，孩子才能如同树木一样，从小小的种子成长为枝繁叶茂的大树，展现出他应有的风采。因此，教育的目标应是帮助孩子发展成为一个有根有魂的人，而不是在别人的阴影下失去了自己的色彩。

在我们的教育体系和家庭文化中，如果过分强调某种特定的才能或成就，比如金钱、名望或学术成就，我们就可能在无意中引导孩子们进入一种恶性的竞争循环。当整个社会都在追求同一种成功的定义时，我们不仅限制了文化的多样性，而且还可能使个人的内在创造力和独特性受到抑制。

这种单一的成功观念导致了一个现象：每个人都在盲目地追逐外在的认可和物质回报，从而陷入了内卷和无休止的竞争中。这不仅消耗了个体的精力和资源，还让许多人陷入了一种自我怀疑的生命状态，内心始终觉得"不够好"，始终在追逐更多的认可和成就。

当教育体系推崇的成功是金钱至上、名声至上时，我们无形中让孩子们忘记了：每个人都是生命的创造者，每个人都拥有独一无二的价值和潜能。真正的教育应当是多元化的，鼓励孩子探索自我，发现并肯定自己的独特性，而不是将他们塑造成为社会设定的成功模板。

因此，我们需要重新思考和定义"成功"。成功不应该是社会赋予的标签，而应该是个体自我实现的过程。在这个过程中，孩子应该学会欣赏自己的独特之处，发展成为真正的自己，而不是社会期望的复制品。这种教育将培养出内心坚强、自信满满的下一代，他们能够认识到自身的价值，而不是永远在外界的评价中徘徊。

老子在《道德经》中有言："天下皆知美之为美，斯恶已。皆知善之为善，斯不善已。"当所有人都追求同一件被认为是美好的事物时，这件事就会失去其本来的意义，甚至还有可能变成一件很不好的事情。这个观点揭示了一个现实问题：当社会共识形成某种"标准"的美好或成功时，大家都会盲目追逐这一标准，结果往往是反作用力的产生，使得原本的好变得不再好。例如，当所有人都选择在假期通过高速公路出行，认为这是最快的路线时，高速公路反而会拥堵不堪，而其他路线则畅通无阻。那么这时大家公认高速公路的优点，就变成了缺点。

社会对某一技能的过度重视，例如钢琴，也可能导致该技能变得普遍，不再是任何人的特长。

所以，父母如果盲目听从别人说什么好就让孩子学什么，会导致孩子学了一大堆特长，但结果没有一个特长是孩子真正擅长的。时间、金钱都投入了，但孩子仍然没有任何突出的特点。多才多艺，可能到后来会等于没有一样才能突出。因此，父母不要攀比和随大流，不要把孩子引入竞争的恶性循环中，因为这种竞争的生命状态就好像小仓鼠在圆形的笼子里跑，永远没有尽头。当孩子处在无序竞争中，无论如何努力，总是会认为自己不够好，因为总有人比他更强、更厉害、更成功、更让他向往，并且在内在构建出了"我匮乏，我不够优秀，我要追逐，我要更多人认可"的思维模式。

教育应该是多彩多姿的，每个孩子都是独一无二的个体。父母的任务是帮助孩子发展那些不容易被量化的"软实力"，如想象力、转换思维的能力、专注力、耐心和行动力。这些能力是孩子成长为创造者、从容面对生活挑战的关键。而你会发现，这些"软实力"，并不像知识一样有容易衡量的分数标准，目前学校也没有教授这些能力的课程。所以这些能力的培养，就需要父母晋级为施教者，靠着非凡的远见、勇气、智慧和行动力，从孩子小的时候就帮助他训练出这些宝贵的软性能力。通过家庭的支持和正确的引导，孩子可以在学校教育之余，发展出真正属于自己的竞争力，最终成为社会的有用之才，而不是盲目追赛的一员。

当父母逐渐认识到软性能力的重要性后，我们的视野会突然开阔，超越了常规的竞争视角，不再囿于与人比较的狭隘心态。这种心态转变不仅是孩子成长的见证，也是父母自我认知的旅程。在这个旅程中，父母会更深刻地理解孩子的独特性和潜能，从而放下心中的焦虑，心平气和地规划和支持孩子的成长。

这种理解使父母能够在想象中"预见"孩子的未来，然后回到现实中，脚踏实地地执行教育计划。在这过程中，不仅要注重传统的早教和养育，还要加强孩子的综合感受力和深度思考能力的培养，包括静心的能力、发现个人才华以及实际动手的能力。通过细心观察，父母可以识别孩子的兴趣所在，并逐步引导他们自我发现和自我实现。

尊重生命的重要性不容忽视，通过引导孩子发现和固守生命中的核心价值，父母可以帮助孩子将所有的精力集中于创造性的活动上。教育的目的不仅仅是学习，而是为了更好地创造和表达自己。在探索人生意义的同时，也要帮助孩子找到自己的使命，理解过程更重于结果的生命哲学。重视美与幸福的心灵教育，对孩子的性格培养大过知识的培训。用创新的项目式学习，带领他理解并学会生命创造的法则，慢慢地孩子会顺着指引进入了宏大的创造层级中，开启独一无二的生命之旅。而这时作为父母，则要学会耐心地静待花开。

脑下垂体是大脑中的一个关键部分，负责衡量这些环境信息，并根据这些信息调整我们身体的反应。当细胞接收到负面信息时，由压力引发的脑垂体活动会推动身体进入自保模式，即所谓的"战斗或逃跑"反应。这种状态下，身体会将血

第五章　构建卓越人生的核心理念

液从内脏转移到四肢，准备应对即时的危险，从而暂停了生长和免疫系统的功能。

这种机制说明了为何在高压环境下，如考试前，学生容易生病。压力导致的免疫系统抑制是为了节省能量应对紧急情况。当我们长时间处于高压状态时，我们的思考能力也会因荷尔蒙的影响而变得迟缓，就像考试时脑海一片空白，手脚冰冷，准备逃离考场的紧张情景。

这个世界是中性的，所传达的信息也是中性的，但是我们只能看到自己"认知滤镜"过滤后的一面，我们看待事物的态度决定了我们是谁。而我们的"认知滤镜"则是来自被父母、学校师长从小教的那些观念知见！

通过理解这些自然的生物学反应，我们可以更好地认识到，创建一个积极支持的教育和生活环境对于促进个人和集体的健康成长有着不可估量的价值。

我们理解了细胞的运作原理，不仅解开了生命的神秘面纱，还能助我们从基础本能升华到超越本能。当我们去除那些干扰我们准确看待外界的认知"滤镜"，并快速转变对事物的认知，我们就能选择处于一个创意繁衍的生长状态，而不是单纯的自我保护状态。这样的状态让我们超越了简单的竞争，进入了一种纯粹的创造和繁衍阶段，达到了老子所说的"不争"的境界。

每个人的潜力都是无限的，我们都拥有无穷的力量。如果我们想打开自己以及我们后代的生长机制，让其处于一种持续的创造和繁衍状态，关键是理解并实践"不争"的真正意义。这包括深刻地爱自己，在提供爱与价值给他人的同时，面对不利于生长的负面信息时，快速地转变我们的信念和视角。将所有心累的信息转化为推动我们勇敢前行的正面信息，这样我们的生活才会变得充满意义，无论面对何种挑战，都能持续拥有前进的勇气和力量，达到生命的高峰。

7. 学会辨识信息和价值

人类所做出的所有努力，几乎都是为了满足基础本能，而在这个过程中接收的信息就显得极为重要。信息是个很广泛的概念，凡是能够直接或间接被人接收且对其行为和思想产生影响的"信号"都可以称之为信息。在这个信息爆炸的时代，理解信息的本质对于培养孩子来说至关重要。

信息有几个特点，第一，信息无处不在，我们每日通过感官接收到的无数细节，皆是信息；第二，信息具有跨时空性，几千年前诸子百家争鸣是信息，当今互联网传送的，也是信息；第三，信息具有隐蔽性和间接性，电梯中的广告是信息，邻居家的吵架声对你来说也是信息，对你都会产生间接影响，也许你以为自己不在意。

父母在养育孩子时，不仅要注意主动传递给孩子的信息，更要敏感于孩子无意中接收的信息。因为这些信息会悄无声息地塑造孩子的世界观和行为模式。这是老子强调"不贵难得之货"和"不现可欲"，即不追求稀缺物品和表面欲望的原因。在教育孩子的过程中，父母应该帮助孩子守住他那颗宁静的心，培养孩子的深度思考能力，教会他们如何辨别和处理信息，看透表象达到事物的核心。当孩子能够识别并抵御干扰信息时，他们就能更专注于个人成长和实现生命的高远目标，从而在寻找和完成自己的使命的道路上，保持坚定和专注。这种教育不仅仅是传授知识，更是对孩子精神世界的呵护和引导。

在这个由消费主义文化主导的世界里，我们常被外界塑造的"价值"所左右。所谓的"难得之货"等这样的信息都是人为的标榜，而非物质内在的价值。以钻石为例，这种被广泛认为象征着永恒和爱情的宝石，其实是通过精心设计的营销策略而变得价值连城的。早在17世纪，钻石因为稀少而昂贵。然而，当1870年南非发现大量钻石矿后，原本应该贬值的钻石反而因为戴比尔斯公司的市场操控而变得更加珍贵。他们通过控制供应量和巧妙的广告宣传，将钻石与爱情的概念紧密绑定，使得钻石在公众心目中的地位愈发神圣。

这些被制造出来的欲望和价值观，如果不加辨别，就会无形中塑造我们的认知和决策。例如，孩子从小被环绕着各种设计精良的广告和消费主义文化，如果不引导他们认识到这背后的商业逻辑和真实价值，不去觉察周围这个被精心设计过的世界，他们可能会在无意识中将奢侈品等同于成功和幸福。

因此，教育孩子辨别这些信息的真实意图至关重要。我们需要帮助孩子建立一种能够识别和抵制消费主义诱惑的能力，让他们了解到，真正的价值并非来自物质的拥有，而是来自生活的体验和个人的成长。我们要培养孩子的独立思考能力，让他们学会在复杂的世界中寻找自己的道路，而不是盲目追随别人铺设好的轨迹。通过这种教育，我们不仅保护孩子的精神世界，还帮助他们形成真正意义上独立和丰富的个性。这样的成长过程，将使他们在面对生活的诸多选择时，能够保持清醒和自信，从而活出真正属于自己的精彩人生。

父母要让孩子了解金钱的本质也是信息，是一种特殊的信息。父母应当指引他们看到金钱不仅仅是货币的形式，而是一种信息的载体，一种交换的桥梁。金钱可以转化为物品或体验，它实质上是一种信息与信息之间的交流方式。这个转化的过程对人们来说，实际上是接收了物品或体验给他带来的信息。教育孩子意识到，获取这些体验的途径不限于金钱，还可以通过才华、价值或其他物品进行交换。因为真正的连接，是人与人之间的信息流通。

父母需要教会孩子警惕那些商业化的信息传递方式，如广告或互联网热点，这些往往旨在给人植入消费欲望。更重要的是，避免将孩子置于不断比较和追求名牌或者炒作等流行文化之中。特别是对于那些还没有形成判断力的幼儿，不要将他们置于商业包装下的欲望信息场中，保护还没有形成价值观的孩子不被外界不真实的欲望和妄念所影响。这些外在的标签和认可，常常是市场策略造就的"价值"，并非真实反映一个人的价值或品质。

通过这种教育，父母不仅帮助孩子建立起一套独立于商业影响之外的价值观，还培养他们在信息充斥的世界中保持清晰独立的思考。这样的教育方法将使孩子们能够在不受外界不实欲望和妄念影响的情况下，成长为真正意义上自我认知清晰、价值观坚定的个体。这是一种让孩子在日常生活中实践和体验的教育，而非单纯的理论学习，使他们能够在未来的人生旅途中自信而明智地作出选择。

父母在养育孩子时，若能遵循老子的教诲——"不上贤""不贵难得之货""不现可欲"，便能引导孩子关注价值，注重实际需要而非物品的价格或品牌。这种教育方式强调价值的实质，不被表象迷惑。父母为孩子提供必要的物质支持，做到在身体方面满足饮食营养，通过锻炼磨炼意志，做到"实其腹，强其骨"的同时，在日常生活中，选择品质优良而非昂贵名牌的用品，让孩子在"日用而不知"的自然状态下，懂得辨别物品的材质，平时习惯用感受去感知物品的舒适度，孩子自然就学会分辨好品质的物品，从而逐步培养出生活的品味和良好的审美鉴赏能力。

随着孩子年龄的增长，父母应进一步教导孩子洞察事物的本质，不要激起孩子追逐"品牌泡沫"的欲望，因为只有做到"见素抱朴，少私寡欲"，孩子才可能晋级到"绝学无忧"的维度。这不仅仅是对物质的超越，也是心灵的成熟。

当孩子具备了自我教育的能力，父母便能实现"无为而治"的育儿状态，孩子的成长将不再依赖于外在的指令和引导，而是基于内在的自觉和自足。这样培养出来的孩子，将会是内心富足、关注生活质量，并具备独立人格的成年人。这种教育方式让孩子在成长过程中，能够在追求个人发展的同时，保持对外界诱惑的清醒认识，最终成就一个全面而独立的人格。

8. 发现成功人生的线索

生命是由一个个时间切片叠加组成的，过去已经消逝，未来还未发生，我们每个人只拥有当下的这个时间切片，而在我们说这个当下的时候，它也随即消失了，成为过去。所有当下的时间切片相加起来，就是一生。将你处于每一个时间切片时的感受叠加起来，就是你一生的生命质量。因此，真正的生活艺术，不是在于追求未来的可能或徘徊在过去的回忆里，而是在每一个现实的时间切片中找到最佳的状态。

珍惜生命的最深刻体现，便是珍惜现在。每个当下都是我们塑造自己生命故事的机会。将每个现在的体验优化，让自己的感受达到最佳，这不仅是对自己的负责，也是对他人的尊重。生命不在于那个终点或结果，因为生命的结果无论好与不好，对于生命本身来讲并没有多大意义了，到了结果的那一刻，你已经失去了生命本身。所以无论那些盖棺定论有多么美的语言，也无法比拟于你在生活中实实在在感受到的每一刻的充实与满足。

因此，关注生命的质量就是关注现在，让当前的每一瞬间都充满意义。这种生活方式强调的是生命的过程，而非终点。在这一点上，每个人都能够通过珍视和充实自己的每一时间切片，让生活不仅仅是一连串的时间点，而是一场场丰富、多彩且意义深远的体验。

今生，我们与孩子缘分一场，彼此相伴的时间有限，像是一场珍贵的邂逅。无论何时，我们都应当把孩子当作礼物，而非债务。全心投入，享受与孩子共度的每一个时刻。这种享受生命的态度意味着无论生活带来什么，我们都应保持乐观，注重内心的平和。

通过这样的自我调节，我们能以更正面的视角面对生活的挑战，不被恐惧和焦虑所困，避免在无意中上演亲子之间相生相杀的剧情，对孩子产生负面影响。当我们有了"过程决定结果"的概念之后，就会把过程的每一个细节尽可能地做到极致，把来到面前的事情尽可能地做到"止于至善"，相信自然而然地，好的结果将会随之而来。即便结果不尽如人意，我们也能因过程已做到问心无愧，从而保持内心的平静。

教育孩子时，父母更要注重对过程细节的把握，如果只是将眼光看向竞争对手，攀比心重，急功近利地对结果执着，在养育过程中就会失去对孩子的耐心，以及细节培养。即使孩子生性非常聪明，短期内看似成功，若忽略了成长过程中的关键培养，终究会导致不理想的结果。在培养孩子的过程中，当孩子找到自己的热情所在，更是应该放下对成果的执着，专注于当下的行动，过程中追求卓越，成功会出其不意找上门来。这不仅是教育孩子的方法，更是我们自身应遵循的生活哲学。

父母要明确自己的教育目的，明白现在所有对孩子的教育，都是为了未来一天不再教育；所有教育的方法，都是为了有朝一日孩子的独立；所有的养育与规则，都是为了孩子总有一天不再需要父母的帮助，他同样也可以活得很好。这个目标指引着我们的每一个教育决策。我们教授孩子独立的技能，培养他们的判断力，让他们学会自我管理和解决问题的能力，以便有一天，当他们自己面对世界时，能够自信且从容。

父母做的所有一切，都是为了成就孩子的独立和自由，为了某一天可以与孩子更好地分离。所有伟大的爱，都是祝福，都是为了成全，为了放手，而非占有。

了解到这一点，我们作为父母的责任，不仅是教育孩子如何面对世界，更重要的是珍惜与孩子共度的每一刻。因为这段相伴的时间是有限的，每一刻都弥足珍贵。所以，我们应更加专注于提高与孩子共处的质量，而不是追求外界的认可和虚幻的成就。这种教育不仅塑造了孩子，也丰富了我们的人生经验，使父母与子女的关系更加坚固和珍贵。

在养育孩子过程中，父母要学会"为之于未有，治之于未乱"的前瞻性思维与行动方式，把握"内在能力大于外在荣誉"的培养原则。

注重对子女规则习惯、自尊尊人的养成，这样孩子会成长为一个明白事理，自觉要求自己的人，在尊重自己的同时，自然会将心比心地同理他人和尊重他人，并获得他人的尊重。

注重感知身体、健康习惯的养成，这样孩子就会拥有健壮的身体和饱满的精气神，支持他梦想的完成，还可以通过感知身体的变化自行调整生活，同时也会因"感而遂通"的能力对生命中的各项事务予以正确的处理，对日后组建新家庭的生活状态也会有助益。

注重个人学习方法、学习习惯的养成，这样孩子就会运用适合自己的学习方法，事半功倍地达成学习目的，学习习惯一旦养成，孩子就拥有了一套"自动导航"的探索模式，自行寻找和拓展对他生命有用的学习内容，此时，父母与孩子之间就完成了对生命成长权的交接。

注重生活能力、做事能力的养成，这样孩子到了一定的年纪，生活就可以完全自理，不需要父母再去帮忙处理。通过平时的做事训练，不仅可以培养出孩子对一件事情的预览与规划的能力，还可以让孩子发挥创意，体会到动用双手创造的成就感，以及体悟到"治大国若烹小鲜"的智慧。

注重情绪处理、乐观性格的养成，这样孩子会明白在生命中可以学会随时转念，知晓情绪不能压抑，但可以转化，帮助他学会跳出二元对立的角度处理问题，理解"祸兮福之所倚，福兮祸之所伏"的事物运行规律，看清"飘风不终朝，暴雨不终日"的自然存在现象。乐观性格的基础是高情商，是心有善念，与人真心相待的智慧，不仅对人际关系有助益，升华后的幽默更是一种智慧，一种力量。

注重心性培养、思维能力的养成，这样孩子的生命力量就像大树扎根一样根深蒂固，心性是人生的地基，决定孩子未来的人生高度，心性培养是注意潜意识输入的过程。思维能力决定了孩子一生的"眼界"和"格局"，可以帮助他清晰地看到事物本质，思维缜密让孩子更富创新能力，更容易发现问题和解决问题。

注意感受力、想象能力的培养，这样孩子通过观察自然万物，体悟宇宙规则，发现规律，可以从一朵花中感受到生命的真谛，再将这种通感的能力运用到生命的方方面面中。法国美学家波德尔说："想象力确实与无限有关，它创造了这个世界。"一切人类的活动都离不开想象力，爱因斯坦说："想象力可以带人去到任何地方。"拥有想象力的孩子，生命如虎添翼，稍加点拨就会跃升至创造的层级。

注重思考习惯、反思自我的养成，这样孩子就会将自己的人生看得清楚，知晓自己的人生目的，清晰行动路线，更加坚定地走好当下的这一步。好的思考习惯可以让孩子做到"知人者智"，反思自我的能力可以让孩子做到"自知者明"。

注重把握当下、将事情做到极致的习性养成，这样孩子会专注于当下，就会放掉对结果的执着，也不会对结果有畏难心态，也可以理解"天下之难作于易，天下之大作于细""合抱之木，生于毫末；九层之台，起于垒土；千里之行，始于足下"的力量所在。当把每一个当下的行动都尽己所能地做到

"止于至善"，做到自己能力范围内的最好时，最终孩子就可以体会到"胜券在握"的喜悦。

9. 打开教育的藏宝地图

在教育孩子过程中，父母要在心中有一张清晰的"教育藏宝图"，知晓什么时候要做什么事，当下在哪个阶段，具体该如何做，这样才能做到心中无惑，在方向正确的路上坚定向前。

决定一件事情是否成功，需要五个方面的结合：材料、数量、顺序、时间和诱发内在动力。具体解释就是，通过"慎终若始"的思维方式预览，确定当下用对的材料做对的事情；对的事情叠加的次数足够多；遵循生命的自然规律，按照对的顺序；给予足够的时间；引发内在的兴趣与动力令其自动自发地去执行和完成。

同理，要确保教育行为的成功，需要综合考虑五个关键要素：合适的材料、足够的重复次数、正确的顺序、充分的时间以及激发孩子的内在动力。例如，选择合适的教育资源（材料），以适当的频率（数量）进行学习，按照孩子认知发展的阶段（顺序）来安排学习内容，给予孩子成长和适应的时间（时间），最后通过激发孩子的兴趣和好奇心（诱发内在动力），使孩子能够自发地探索和学习。

在早期教育过程中，父母要把握"整体、及时、专注、足量"四大教育原则。

首先，整体性思维让父母能够预见学习的全局，特别是孩子在学习新任务时，父母要做到从整体上预览孩子需要学习的内容，明确学习目标，清晰学习阶段，以及每个阶段的学习内容和时长；先预览孩子需要学习的内容，感知接下来需要学习的内容，清楚学习要达成的目标。

然后是在孩子学习的每一个阶段，父母都能及时提供恰当的学习资源和指导，这包括及时选择合适的学习材料，控制学习的量和质，以及合理安排学习的顺序和学习的时长等方面。

其次，专注性的原则要求父母引导孩子深入一门技能或知识领域，践行"少则得，多则惑"的行动原则，像是潜心打磨一件艺术品，确保孩子在学习过程中不受外界干扰，全神贯注于当前的学习内容，通过重复练习达到精通。

最后，"足量"是指，一是足量的时间，学习过程中尽可能地不要打断，以培养长时间专注和深入思考探究的能力；二是足量的学习资料，沉浸式科学巧妙地慢慢导入，支持孩子在学习过程中不断深入和扩展知识边界。

将这四大原则结合起来，并激发孩子对学习内容的兴趣，就像在孩子的心中种下探索的种子，随着时间的浇灌，这些种子将发芽生长，带来丰硕的果实。父母的智慧和耐心将使教育过程成为一场充满发现和成就的旅程，孩子的学习既是一场享受，也是一种成长。

在教育孩子过程中，父母必须掌握在"多与少"之间的精致平衡。古代智者庄子提醒我们："吾生也有涯，而知也无涯。以有涯随无涯，殆已！"我们的生命是有限的，而学问知识是无穷尽的，不经思考地随大流，拿有限的生命去追求无穷尽的知识，其结果必然是劳而无功。这种智慧体现在我们如何选择孩子的学习内容和焦点上。

就像寓言故事里说的那样：一只蝴蝶觉得自己身上的色彩不如同伴的好看，就请求上帝帮它变成一只色彩斑斓的蝴蝶。上帝答应了它的要求，赋予它自由选择颜色的权利。上帝指着五彩缤纷的花丛说："你喜欢什么颜色，就在什么颜色的花朵上打一滚，这时你就能够变成什么颜色。"小蝴蝶欣喜若狂，先是在红色的花上打滚，然后又不想放弃蓝色的花，又在蓝色的花朵上打滚，这时它又觉得黄色的花朵美丽……就这样，它在所有的花朵中都打了一个滚，最终它变成了一只黑蝴蝶。它痛哭流涕，无法接受自己成为一只颜色最丑陋的蝴蝶。

这个寓言告诉我们，生命中的选择和取舍是一种重要的智慧。什么都想学，可能最后一样也没学到。

"少则得，多则惑。""多"为什么会"惑"？因为在众多繁杂的知识面前，很多细节都没有真正理解，只是点到为止，这种模棱两可的状态叠加起来，就会让学习变得很越来越困难，然后就导致失去耐心，三分钟热度，很难持之以恒，日子久了，就变成了自欺欺人的"假努力"。"少"为什么"得"？由于选择得"少"，就能够容易地让自己真正地去理解、思考和掌握，并且因为持续聚焦和专注在一个焦点上，就可以做到"一门深入"，达到精通的境界，最终将所学知识转化为自己的东西，运用自如，甚至开创新的可能。

因此，在养育和教育孩子时，父母应该以此为指导，不被外界的纷扰所动摇，而是选择适合孩子的、能深入学习的知识和技能，以此培养孩子的专注力和深度思考能力，让他们在有限的生命中尽可能地展现无限的可能。

做任何事想要成功，最关键的推动力就是要专注。有一次，世界知名的企业家比尔·盖茨和投资大师沃伦·巴菲特在一次聚餐中，被要求在彼此的手掌心写下认为最重要的一个词。两人不约而同地写下了"focus"，就是专注、聚焦之意。这一轶事恰恰证明了极致的专注，才是成功的最快捷径。

所以我们在教育孩子的过程中，要运用"少则得，多则惑"的法则，在"孰多与孰少"中平衡，尊重孩子成长的自然规律，及时地提供成长所需的材料，尽可能地在一段时间选择一个新的技能或项目一门深入地学习，一件事重复做，在足量的时间和次数后，熟能生巧，就可以做到止于至善。强力而专注的只想一件事，就能创造奇迹。

如《道德经》所述："曲则全，枉则直；洼则盈，弊则新；少则得，多则惑，是以圣人抱一为天下式。"宋朝陈旉《农书》上记载："凡从事于务者，皆当量力而为之，不可苟且，贪多务得，以致终无成遂也。传曰：少则得，多则惑。"这些古老的智慧告诉我们，在从事任何事务时都应量力而行，不贪多，以免最终一事无成。

所以，教育的藏宝图中，最重要的一点就是要根据孩子的实际状况，运用"少则得，多则惑"的原则来培养孩子的专注聚焦的能力。因为当一个人越专注，思想愈清晰、越聚焦，就越能提前看到结果。

你将意图跟注意力放在什么事物上，什么就开始滋养，那件事物就开始成真。

第六章

父母教导子女的成功观念

1. 明确清晰的成长路线

在这个信息爆炸的时代，教育资源触手可及，理应为知识的获取提供无限便利。不论是涌动于互联网的线上教育，还是传统的线下学习机构，看似应该让学习变得更加简便，但这海量的资源反而让我们陷入选择的迷茫。若没有明确的教育目标，这些资料不过是无序的信息堆砌，使得我们更加困惑，越行越迷。

在这种资源泛滥的背景下，许多父母出于对孩子未来的焦虑，试图将孩子的生活安排得满满当当，希望他们能够学习更多的东西，生怕孩子输在起跑线上。然而，最终的结果往往是孩子们忙碌于表面的学习，仓促地触及知识的表层，既浪费了时间，又花费了金钱，却难以在知识的海洋中找到自己的方向。

每个生命都有其独特的旅程，每个人都有自己的目标和梦想。教育，不应该是一场所有人都走相同路线的马拉松，而是一种无固定终点的、多样化的探索。在这场人生的长跑中，起跑之前，每个人一定要清楚自己跑向哪里。

教育应当是个性化的，这样每个人的独特才华和天赋才能得到真正的激发和应用。在这样的教育模式下，才能孕育出多样的才能，如同百花齐放，为社会培养源源不断的人才的同时，让每个人生活得丰富多彩。

每个家庭情况各异，每个孩子也都拥有自己独一无二的人生轨迹。父母需要深思教育对于家庭和孩子的意义，以及明确教育的目标。无论短期目标如何，教育的终极目的应当是提升人类的自我意识，引导孩子追求真、善、美，而不仅仅是追求一纸文凭。这样的教育，才能真正称得上是启蒙和提升，而非单纯的知识填鸭。

BBC纪录片《人生七年》揭示了一个深刻的教育和人生真理：我们的起点如何深刻地影响着我们的终点。从1964年起，英国导演迈克尔·艾普特开始了一项前所未有的社会实验。他挑选了14个出身不同阶层的7岁孩子，这其中包括来自精英私立学校的5名孩子，4名工薪家庭的孩子，2名中产阶级的孩子，2名孤儿以及1名来自农村的孩子。他把这些有着截然不同生活背景的孩子凑到一起，观察他们的行为，倾听他们的梦想，引导他们畅谈生活，并询问他们同样的问题。随着时间的推移，这些起点如何成为他们人生轨迹的坚实基石或是绊脚石，被镜头赤裸裸地呈现。每7年记录他们一次，从7岁一直到他们56岁的成年晚期。

这部纪录片让我们看到了一个不可否认的现实：孩子们

的未来，在很大程度上，似乎在他们还很年幼的时候就已经被铺垫好了。7岁时，这些孩子的回答虽然简单，却透露出他们由家庭环境和父母观念所塑造的思维方式。这些无忌的童言不仅是他们个人性格和世界观的早期表现，也可以从中推理出他们每个人接下来的命运。

随着时间的推移，这些孩子逐渐长大。古语讲："三岁看大，七岁看老。"他们每个人在长大后，身上都有着童年遭遇的痕迹，性格、思维方式、遇事的态度等很大程度上都受自己原生家庭的影响。整部纪录片看完，我们会发现，原来这些孩子的命运在7岁，甚至更早时已经写好了。每一次7年的跟踪记录，不仅是他们成长的见证，也是一次对他们童年深远影响的再次确认。

观看《人生七年》，我们不仅仅是在看一部关于成长的纪录片，更是在审视一个关于社会、教育和家庭如何共同塑造人类命运的强有力的社会学研究。这部作品强调了早期教育和家庭环境的重要性，提醒我们所有人，每个孩子的未来都值得我们深思和重视。

通过深入剖析这部纪录片，我们得以洞察人生与教育中的一些真理。

首先，环境塑造人生。人的命运从入母胎的那一刻就已经开始，母亲的身体状况、心性和情绪会对这个新生命产生影

响。孩子出生后，父母如何应对和改变自己的生活环境，这些态度和变化直接影响着孩子的性格塑造。家庭环境对人的影响是贯穿人的一生的。一个优渥的家庭环境能够提供更多资源。在这样的家庭中出生的孩子们以父母的综合价值为起点，而他的父母又是以祖辈的综合价值为起点，可以传承的内容不只是诸如房产、存款等看得见的物质财富，还包括如家族的价值观等无形财富。

其次，性格决定命运。一个人性格的形成，与他的父母直接相关。无论是自信开朗、健康活泼，还是优柔寡断、文弱内敛，都可以从其父母身上找到源头。原生家庭的影响加上我们所受的教育、社区环境及生活经历，共同塑造了我们对生活的态度和处理事情的方法。

再次，关于目标和梦想的重要性。《人生七年》向我们展示了，那些有明确目标和梦想的孩子，从童年到成年，他们的道路似乎更为明确和顺畅。他们的志向引导他们前进，帮助他们在生活的洪流中找到方向。无论是梦想成为医生、律师还是艺术家，这些早期的梦想成为他们日后努力的动力。这凸显了从小培养孩子的兴趣、激发他们确立自己的梦想，同时培养他们具有坚韧、积极乐观的性格的重要性。

教育的公平性不仅体现在提供知识的平等性上，更重要的是能否为每个孩子提供实现潜能的平等机会。这就需要我们不仅关注孩子们的学习成绩，更要关注他们的生活条件、心理发展和社会适应能力。只有这样，我们才能帮助每一个孩子充分发挥其潜力，让他们在各自的生命旅程中，能够尽可能地达到自己的最高潜能。

在这个复杂多变的世界中，社会层级的存在是一个普遍而永恒的现象。无论是在哪个国家，哪个时代，每一个社会阶层都有其独特的价值观、思维模式和行为习惯。在这种背景下，所谓的"逆袭"，指的是个人有可能通过某些机会从一个阶层跃升到另一个阶层。这种向上的移动，虽然可能带有功利的色彩，但它确实存在并影响着许多人的命运和抉择。

作为父母，首先需要做的是接受这一现实，理解社会的这种结构性特征。重要的是，我们不能把生活的压力和对未来的不确定感都转嫁到孩子的学业上。应当为孩子开启希望之门，以一种更加理性和平和的方式来对待孩子的教育和成长。我们不应抱怨社会的不公，因为向下的通道总是畅通无阻的；相反，我们应当清楚地认识到自己和孩子目前的位置，诚实地反思自己的不足，然后改变思维方式，设定明确的目标，并为之付出必要的努力，全力专注于目前最该关注的事情上去。

为了更清楚地了解自己和孩子的当前状况以及未来发展的可能，可以借用马斯洛的需求层次理论来作为人生阶梯的参照。结合家庭的实际情况，思考家庭和个人当前所处的阶段，如何应对这一阶段的功课和挑战，以及自己和后代的教育目标是什么。这样的思考过程有助于我们超越目前的困境，突破竞争的局限，引领我们不断向前。

我们可以从古代智者的言论中汲取智慧：

老子说："知人者智，自知者明。胜人者有力，自胜者强。"

孙子说："知彼知己，百战不殆；不知彼而知己，一胜一负；不知彼不知己，每战必殆。"

荀子说："自知者不怨人，知命者不怨天；怨人者穷，怨天者无志。"

通过深刻地了解自己和家庭所处的阶段，我们不仅可以定义"我是谁"，还可以清晰地看到"我从哪里来"和"我将去向何方"。这种自我认知和目标明确的态度是实现生命价值和社会跃迁的关键。

马斯洛需求层次理论最初提出了五阶段模型，后经扩展，增至八阶，添加了认知需求、审美需求和超越需求，更为全面地描述了人类追求完整生活的路径。

首先，第一阶段，我们从最基本的生理需求开始：食物、水分、空气和睡眠等。这些需求构成了我们生存的基础，是我们日常奋斗的首要目标。许多人一生都可能卡在这个层级，为满足这些基础需求而奔波，因为在人类的需求层级中，它们是最迫切、最有力的。

第二阶段是安全需求，涉及稳定性、保护和秩序。人们天生寻求安全与稳定，很多人为了一个安心的居所，可能背负终生的债务。这种需求推动我们为家园的安全和舒适不懈努力。

第三阶段是归属和爱的需求。每个人都需要与他人建立情感的联系。我们的社交活动、恋爱、婚姻以及加入各种组织，都是为了满足这一层次的需求。然而，如果一个人用索取而非奉献分享的状态去处理这个层级的事情，那些本应带来归属感和爱的关系，就可能变成生命中的负担。

第四阶段是尊重的需求，包括自尊和受他人尊重的欲望。自尊激发我们相信自己的价值和能力，使得自己更有能力，更有创造力。缺乏自尊，则使人自卑，没有足够信心去处理问题。而受到他人尊重可以成为我们成长的动力，例如：有的人努力读书是让自己成为医生、律师等来证明自己在这社会的存在和价值。然而，如果人总是在意自己的"尊重"需要，过分追求外界的认可，就会出现不断表现自我、证明自我的消耗释放状态，这可能会阻碍我们深入自省，导致无法进入"认识自己"层级，进而影响到自我认知的发展。

第五阶段是认知需求，这是关于知识、理解、好奇心以及探索世界的渴望。在这一阶段，我们寻求理解周围世界的意义和秩序。

第六阶段是审美需求。在这一阶段，人们寻求与美好事物的内在对话，通过艺术和美学来唤醒与印证自身的真与善，达到心灵的觉醒和自我认识。

第七阶段是自我实现的需求。这是关于创造和实现个人潜能的阶段，一般来说，这是人生最高等级的需要。在这一阶段，人们追求实现自我的能力，充分地发挥自己的潜在天赋能力，并使之完善化，成为他们心中理想的自我，实现生命的全面和谐。有自我实现需求的人，往往竭尽所能地使自己趋于完美，并带有强烈的人生使命感。自我实现意味着充分地、活跃地、忘我地、全神贯注地体验生活。在人生道路上，每个人的自我实现形式是不一样的，每个人都有机会去提高自己的能力，满足自我实现的需要。我们一生下来就已经是自己了，不可能成为别人。寻找并成为这个独一无二的自己，是达到这个层级的人们最主要的目的。例如，一个人尽可能地将自己的每一件事都做到极致，成为最好的自己，运用天赋去尽可能地帮助他人变得更好；一位艺术家用自己特有的风格创作出的艺术作品，启发更多人思考生命的真谛；一位企业家，真心认为自己所经营的事业能为社会带来价值，而为此带着使命感更好地奉献与工作……

最后，第八阶段是超越需求。这是极少数人能达到的层次，他们的生活目标超越了自我，达到了一种此生不为自己活的人生状态。

总体来看，马斯洛需求层次理论像是一座由基石到顶峰逐步升高的阶梯。这一理论中的需求可以大致分为两个主要级别：基本需求和高阶需求。基本需求包括生理需求、安全需求和归属与爱的需求。这些需求构成了我们的生活基础，主要通过满足外部条件来实现。例如，我们需要食物、水、安全的住所和家庭的温暖。这些需求是我们生活的支柱，一旦得到满足，就为更高层次的追求打下坚实的基础。

随后是高阶需求，这包括了尊重的需求和自我实现的需求。这些需求的满足来源于我们内心的深处，需要我们自己的努力和内在的成长。尊重的需求激励我们追求成就感和他人的认可，而自我实现的需求则推动我们追求个人潜能的最大限度发挥和生命的全面实现。

这一理论强调，人的需求层次像阶梯一样逐步升高，通常需要逐层满足。每个人都必须从满足基本需求开始，逐渐向上攀升至更高层次的需求。虽然通常不会发生需求的越级跳跃，但在特定情况下，如环境变化或个人成长的关键时期，人们可能会经历需求层次的快速跳跃。在这些跳跃或转换的时期，多种需求可能会同时存在，但总有一个需求在那一时期占据主导地位，成为行为和决策的主要驱动力。

值得注意的是，即便我们达到了较高的需求层次，较低层次的需求并不会消失；它们仍然存在，只是对我们行为的影响力有所减弱。理解这一点，可以帮助我们更好地把握自己和家人当前的状态，明确未来的发展方向和目标。

就教育层面而言，通过马斯洛的需求层次理论，我们可以清楚地看到，教育不仅仅是知识的传授，更是个体成长的助推器，是让人更快通往自我实现的一个路径。

设想一个孩子，他出生于一个充满爱与和谐的家庭，生理需求和安全需求得到了充分满足。这种环境的孩子通常感到被爱和被保护，因此，他们很自然地会感受到归属感和爱的满足。这样的孩子通常会展现出一种充满活力和对外界开放的状态，他们不仅满足于现状，还渴望通过自己的努力展示自己的价值，获得他人的尊重与认可。

当这样的孩子步入学校，他们已经凭借早期的积累拥有了适应集体生活的优势。他们的安全感和归属感在与同学和教师的互动中得到进一步的加强。通过日常的学习和社交活动，这些孩子逐渐建立起自尊，并从周围人的认可中获得尊重。

随着时间的推移，他们的好奇心和探索欲推动他们不断求知，自然而然地进入了认知需求。他们开始阅读大量书籍，探索未知的领域。通过读万卷书、行万里路等方式积累认知，逐渐发展出对美的独到见解和欣赏能力。这一切都在不知不觉中为他们登上自我实现的阶段打下坚实的基础。

直到有一天，在美中，这些孩子发现了自己在某个领域的独特天赋，找到自己爱好的方向，于是就晋级到了自我实现的阶段。当一个孩子到了这个阶段，父母在正确引导孩子深入发展爱好的同时，就可以慢慢地学会放手，把生命责任放心地交给孩子自己。因为孩子内在的发动机已经点燃，开始全心投入。他们的内在动力已足以支撑他们追求自己的梦想，无须外在的力量推动。他们会为了梦想而努力，在深入探索自己的爱好时，他们达到了心流的状态，可以让自己完全处于一个充分忘我专注的高频状态，完全沉浸在自己的兴趣中，享受着每一个创造的瞬间。

渐渐地，他们会通过自己所喜欢且擅长的爱好，延伸到与内心对话、与自然万物对话、甚至与整个宇宙对话，对"真、善、美"形成了自己独到的理解。这种自我推动的旅程最终将他们引向超越自我的境界。这种超越的需求，促使他最终成为一个追求真理的人。这样的人生不仅是对个人意义的追求，更是对生命自由度的极致展现。而这整个过程，一切都是自然而然地形成和发展。

教育不应仅仅关注于"大脑的雕刻与塑造"，那种方法可能创造出学识丰富的人，但未必能唤醒一个人深层的生命力。真正的教育应从心灵深处开始，唤醒孩子们沉睡的自我意识和生命意识。通过这种深层的觉醒，孩子们的价值观、生命感和创造力将自然而然地被激发，他们能自由自觉地建构自己的生命，并理解及拥有那些经得起时间考验的真理、善行和美德。

教育是灵魂之间的对话，是一个灵魂唤醒另一个灵魂的过程，一颗心灵感召另一颗心灵前行。在这种互动中，教育者和学习者的心灵不仅相遇，而且相互照亮，共同成长。这是一个动态的、充满智慧的活动，教育者通过自己的知识、智慧和激情点燃学生的内在火花。

生命充满变化，每个人的人生阶段都将面对各种考验和挫折。然而，借助马斯洛需求层次理论，我们可以找到一条思考人生的路径，帮助我们和孩子们更好地了解自我。

当我们站在人生的高度和自我实现的角度去预览教育之路时，会发现无须再让孩子盲目追逐外界的期望，也不必纠结于他们的大学选择或职业规划，更不需要为社会阶层的界限感到焦虑。作为父母，我们的任务是专注于人生最关键的事情——培养孩子成为他们最真实的自我。

作为父母，从提升自我开始，相信孩子，提供他们所需的支持与帮助至关重要。与知识的简单灌输相比，培养孩子的心灵、性格、想象力等软性能力显得更为重要。孩子们的内心敏感且易受伤害，因此尊重他们的意愿，保护他们的自尊，呵护他们纯净的心灵，成为我们不能忽视的责任。通过正确的引导，让孩子们在成长的每一个阶段都能自觉自悟，发现并追求自己的兴趣和天赋，最终将他们引向自我实现的道路。

教育的终极目的是触及心灵的觉醒。当孩子惊喜地体验到内在的跃动、体验到难以遏制的生命激情与力量时，他们便开始真正活出自我，展现出最真实的个性和才能，教育也就触及了"唤醒"的本质。这种教育不仅仅是外界力量的推动，更是孩子内在觉知和自我觉醒的过程。父母的职责在于激发和支持这一过程，直到孩子能够独立承担起自己生命的责任，直到将他这颗星"发射"到为梦想而奋斗的自我实现轨道，这时我们也完成了作为父母的责任与义务。

相信，是一种深刻的智慧。相信生命的进程，相信孩子的潜力。相信即便是曲折坎坷，也是通往更广阔生命经验的道路。相信一切都是最好的安排，没有所谓的弯路和崎岖，那些看似不好的境遇，只是让我们扩展生命的边际。这样的教育不仅塑造知识，更塑造生命，使我们每个人都能在不断变化的世界中找到自己的位置，遇见更好的自己。

"教育的目标是心灵的自由。"这句话揭示了教育的深层意义，即通过教育释放内心的束缚，让每个人都能追求自己真正的自我。

教育不仅仅是关于考上一所好大学，获得一纸文凭；也不仅仅是为了找到一份体面的工作，以更贵的价格出卖珍贵的生命时间；更不是为了帮助父母完成他们未完的梦想，带着强烈的期待让孩子光宗耀祖。真正的教育是关于帮助每个孩子成为他们此生最好的版本，成就一个真正属于自己的人生。这意味着超越短视的目标和眼前的诱惑，以一种更加长远和宽广的视角来考虑教育的价值。

作为父母，不要让眼前的诱惑和障碍迷乱了内心，要有长远的眼光，我们的责任是站在帮助孩子实现自我的高度，用简单而深刻的方式思考教育问题。当我们抓住这个根本，其他看似复杂的问题就会变得简单明了。如果你在孩子的教育过程中感到困惑，那就回到这个基本的问题上来："如何帮助孩子自我实现？"考虑这一问题将引导你清晰地认识教育的真正价值。当你思考清楚时，你就不会走弯路，就不会被别人设计的花哨噱头或者自己内心的恐惧所迷惑。

现在，你可以评估你和你的孩子目前处于马斯洛需求层次理论的哪一个阶段。无论你们处于哪个阶段，关键是识别并迅速通过这一阶段，直到达到自我实现。如果你和你的孩子已经在自我实现的路上，那么保持坚定的信念，清晰地看到前方的路径，明确你们所需要的资源，以及当下需要做的事情，带着一颗宁静之心坚定不移地向前迈进。

第六章　父母教导子女的成功观念

教育是一场旅行，目的地是每个人内心深处的自由之地。通过这场旅行，我们不仅教会孩子如何走路，更要教会他们如何按照自己的意志和梦想选择方向。这是教育的艺术，也是每位父母和教育者的神圣使命。在这条路上，相信生命的力量，相信孩子的潜能，相信一切都是通向成长与自由的最佳安排。

很多孩子长时间被困在生理需求阶段，这主要是因为父母或长辈提供过度的物质照顾，却未从兴趣、认知、心灵和生命发展的角度引导孩子。这种方式扼杀了孩子的自理能力，自己的事情自己不会做，都需要别人无微不至地给他提醒和提供。长此以往，孩子可能会习惯性地自我否定，无法在集体中获得成就感，也难以在社交环境中找到安全感和归属感，甚至可能转向虚拟的游戏世界寻找成就感和安全感，从而被困在了生理需求的阶段，无法向更高的自我实现进发。

父母的责任是引导孩子向更高的自我实现阶段发展。自我实现不仅是学业上的成功，更是对生活的深度理解和对个人潜能的发掘。一旦孩子达到这一阶段，他们会发现自己为了内心的渴望而自发地学习和成长，而不仅仅是为了外界的期望或奖励。

如果我们被告知一生必须为某一个设定好的体系和流程而努力，一生都要过着设定好并重复的生活，我们就会感觉到无聊、无力与无助。因为生活不应被视为一系列预设的任务，而应是一个充满可能性和个人发展的旅程。

如果我们将孩子的生活和成长预设为一条固定路线——从学前教育到就业，再到成家立业——我们不仅限制了他们的想象力，还可能削弱他们的生活动力。我们会发现不仅孩子没有什么动力，作为父母的我们也会"陪跑"得很累。由于父母在恐惧和焦虑的低频中，自然而然地会将自己的情绪转化为对子女的教育方式，而原生家庭导致的问题、小时候造成的伤痕，则需要一生来修补。

但当我们完全知晓自己要利用这难得又短暂的一生，去引领孩子一起追求美、自由与智慧的时候，我们就会迸发出一种强大的内在动力。这种觉醒的力量能够帮助整个家庭提升到新的生命高度，从而以全新的视角审视当前的生活和教育方式。当我们对生命的未知美好保持开放和期待时，我们的生活将自然而然地焕发出新的力量和希望。

因此，教育的目标应该超越单纯的竞争和成就，转向深入探索每个人的独特天赋和潜力。真正的教育应当强调自我提升和实现，培养孩子成为内心充实、快乐的人，而不仅仅是在社会中获得成功的人。这样的教育将为孩子们打开通往真正自由和自我实现的大门。

通过这种教育的引导，父母可以更有效地帮助孩子探索和理解自己的心灵世界，逐步构建对生活的深刻理解。引导孩子认识他自己目前在什么阶段，未来想发展成什么样的状态，然后回到当下接纳现在的自己，从现在的自己出发，决定应该如何去做。

在这一过程中，作为父母的我们，需要以一种暂时"托管"孩子到成年的心态来参与他们的成长——我们的任务是不带任何个人偏见或情绪的影响，只是公正如实地反映现实情况，只是全心全意地为这个与我们有缘的生命提供支持和爱。

当我们能够以这种无私的、纯粹的爱来接纳和支持孩子时，孩子的心灵将被深深触动，会被你这种不带任何情感绑架与自私恐惧的纯粹之爱唤醒。他们会从内心深处开始感恩你，感恩自己的处境，甚至感恩这个世界赋予的一切支持。这种感恩会转化为孩子自我驱动的动力，促使他们珍惜每一刻，积极地成长和发展。

当我们做到了上面的这些，我们就赢得了孩子的心。孩子也因看清了自己生命的宝贵，知晓生命的发展方向，从而珍惜光阴，提升自己。这时，当你再为孩子提供他们所需的资源和机会，帮助他们实现自己的梦想时，这个过程将成为人生最美的画卷。这是一个相互成就的旅程，父母和孩子在这一过程中互为彼此的生命礼物，共同书写着各自的成长故事。这不仅是教育的胜利，也是爱的胜利，是我们共同努力下的美好成就。

2. 从童年开始奠定未来

父母的思想维度以及家庭的生活状态，对孩子的潜意识有无法言说的影响。孩子们在三岁之前的敏感期特别重要，这个时期的经历会深深植入他们的潜意识中，并可能决定他们未来的行为模式和思维方式。

从孩子诞生的那一刻起，父母就应该意识到他们是孩子生命的起跑线，父母的育儿倒计时模式也随之开启了。这不仅是一个比喻，也是一个事实，说明在孩子生命的早期阶段，父母的角色是至关重要的。在这关键的发育阶段，母亲尤其扮演着不可或缺的角色，只有母亲才能够给幼儿更好的刺激和教育。她不仅是孩子情感依恋的第一个对象，也是孩子学习语言和基本社交技能的首要教师。此时，母亲的每一个动作、每一句话都深刻地影响着孩子的潜意识，形成他们将来的性格和行为模式。

如果幼儿教育从三岁开始，就已经太迟了。因为在孩子三岁之前，他们的大脑如同一扇敞开的大门，随时准备接收外界的一切信息。这是一个神奇的时期，孩子具有惊人的吸收能力，对周围世界充满了好奇和敏感。因此，母亲需要有一种紧迫感，并在这个时期内，留出时间专心育儿，有意识地向孩子灌输健康和积极的内容。特别是孩子一岁半到三岁之间，父母一定要注重孩子对于规则、习惯、自尊等方面的人格养成，这种用心的养育方式，会奠定孩子未来知理明理的人格特征。

这个时期，父母更可以利用"重复灌输"的简单方法来教育，你能够随时随地不厌其烦地反复把你想灌输给孩子的内容灌输给孩子。让人欣喜的是，这一时期用这种单调重复的方法，幼儿不会反抗，也不会表达反对意见，更不会感到任何痛苦和厌烦，甚至是每一次的重复，孩子都会保持新鲜和好奇。因为三岁之前的幼儿大脑，还不具备分析批判的能力，但是他们具有一种不需要理解或领会的直接吸收能力。这时，妈妈有意识地去培养，对于孩子很重要。通过不厌其烦地重复教育，利用孩子的高吸收期，可以有效地植入深刻的记忆，为孩子的未来认知和情感发展打下坚实的基础。

所以，妈妈一定要利用好这段时期，把你想灌输的内容，无论是语言、音乐、文字、图形、规则或教养等一切事物灌输给幼儿，一定要反复灌输，这些会奠定孩子自立的大脑活动基础模式，并且可以在他的大脑中留下非常深的印记。妈妈不要用"儿语"跟婴幼儿说话，从小就要让孩子学会正常对话的模式，培养孩子对母语的语感。只有这样，幼儿才能够迅速地学会正常交流，语言天赋得到有效的开发，这是一种正向的生理刺激。

如果这个时期，妈妈对孩子疏忽不管，孩子也会毫无分别地大量吸收着自己周围的各种信息，接受着身边无限的刺激。如果这一个阶段给予负面刺激，就意味着孩子学会负面能力。特别指出，父母应避免在孩子面前表现出过度的情绪波动或不当的行为，因为这些都会被孩子无差别地吸收，并可能在未来形成不良的习惯或性格特点。例如，这个时期频繁地对孩子发脾气，就会刺激孩子长大后在面对批评时显得无动于衷，或者自尊心差，习惯于负面的情绪反应。

再比如，如果此时把电视或其他电子媒体，随意开着不管，无论什么节目都让孩子加以吸收的话，那就让幼儿陷入信息过载的过度刺激中，引发后续的精力不能专注集中，情绪调节能力变差，或者其他坏习惯的形成。相反，应该通过阅读、讲故事、唱歌和玩耍等互动活动，促进孩子健康的脑部发育和社交能力的养成。

孩子到了三岁以后，父母的教育策略就要从早教过渡到独立性培养。这个阶段，孩子们开始表现出对重复性任务的厌倦，这是他们认知发展到新阶段的一个标志。因此，父母需要调整他们的教育方法，以适应孩子日益增长的自主需求和对新知识的好奇心。

从三岁开始，孩子的学习应该更多地依赖于探索和理解，而非简单的重复和灌输。这是一个关键的转变期，父母应该尊重孩子的自主性，在学习方面要注重孩子学习习惯、学习方法的养成，尝试帮助他们理解和领会事物的本质。这种教育方法不仅能促进孩子对知识的深层理解，还能帮助他们发展批判性思维和解决问题的能力。

在这一时期，如果父母仍然坚持使用刚性的、重复性的教学方法，可能会导致孩子形成固执乖僻的性格。因此，父母的角色应转变为指导者和促进者，而非简单的知识传递者。所以在三岁之前，孩子们的人生就已经拉开了距离。如果从妈妈对孩子早教的重要性来说，孩子真正的起跑线是自己的妈妈。

妈妈为了爱孩子，有时会失去理性，容易被孩子情感绑架，容易陷入向孩子无条件投降的境地。如果一位妈妈在孩子三岁前，对还不会考虑"以自我为中心"的幼儿，采取过分"以孩子为中心"的态度，这种过度溺爱或完全以孩子为中心的教育方式，就会不小心培养出今天常常被认为是有问题的自私自利的"小霸王"。如果妈妈在三岁之前娇生惯养，等到四岁，孩子有了"自我"的萌芽之后，再进行严格管教，就已经为时已晚。如果在三岁前过度宠爱孩子的话，还会把孩子培养成一个缺乏意志力的人。有时父母觉得孩子可爱，把孩子当玩具一样愈发宠爱，这就会陷入一种恶性的循环。那最吃苦头的，就是在娇生惯养中长大起来的孩子本人。只有父母具备长远的眼光，为未来着想，才能做到理性且有原则地管教。在三岁之前就要培养孩子独立的能力，灌输为自己生命负责、不依赖父母和他人的人生价值观。

所以，父母的权威和教育原则需要恰当地平衡。在孩子的眼中，妈妈应该是一个值得尊敬和学习的榜样，维持家庭中"母亲伟大"的氛围对孩子的影响是深远的。这样的环境不仅增强了母亲的权威，也为孩子提供了一个稳定安全和充满爱的成长环境。通过这种方式，妈妈能够满怀信心地维护自己的权威，同时培养出既独立又有自尊心的孩子。

教养的优质并不仅仅是在物质丰富的条件下才能实现的。事实上，真正的教养是在孩子生命最初的三年里，通过母亲向幼儿的大脑灌输生活的基本准则、态度和生活规则来塑造的。这不只是关于传授知识，更是关于形成一种生活方式，这种方式将反映整个家庭乃至家族的综合素养。

日本早教先驱井深大提出，人类出生后 3 个月，是最重要的时期，我们应在孩子刚一出生便开始对他进行正确的教育。才能不是与生俱来的，任何一个孩子，如果有正确的教育方法，当他经过不断的努力，都可以成才。能力并非天生的，天才并非得自遗传，早期教育使孩子产生超常的能力，母亲应从零岁开始教育婴儿。

法国启蒙思想家爱尔维修也支持这一观点，他提到，人刚生下来时都一样，但由于环境不同，有的人可成为天才，有

第六章 父母教导子女的成功观念

的人则成为凡夫俗子。即使是普通的孩子，只要教育得法，也会成为不平凡的人。

约翰·华生，美国行为主义心理学的创始人，因为明白早期教育对孩子的重要性，更是断言："请给我十二个健康的婴儿让我教养，我能随意选一个训练他成为医生、律师、艺术家、商界首领等任何一种专家，或训练他成为乞丐或窃贼。"

同样，日本教育家七田真认为，人类才能的成长，犹如金字塔一样，刚出生时像金字塔底部，面积很宽广，随着年纪长大面积便越来越小，从0岁时开始教育，才能延伸的可能性愈大，随着年龄增长而急速减少，如果到了七八岁时还没开始教育，那么孩子才能延伸的可能性就几近于0。这强调了在孩子成长的早期阶段给予适当教育的紧迫性和重要性。

父母在这一过程中起着至关重要的角色，他们不仅是孩子的第一任老师，更是他们一生的"起跑线"。因此，父母应该充分利用这个关键的早期阶段，积极参与孩子的成长和教育过程，塑造一个充满爱、支持和正确引导的环境。这样做不仅能帮助孩子在未来的生活和学习中走得更远，也能使他们成为真正独立、有创造力和有责任感的个体。

3. 支持孩子成为他自己

作为父母，将孩子带到这个世界上，最主要的目标就是通过我们的爱和支持，让他们成为自己最好的版本。只有这样，我们这个父母的身份对于孩子来讲，才是真正的礼物。

生命本身是一场奇迹，而每一个孩子都是这场奇迹中独一无二的存在。他们应有权利做自己，去实现自己的潜能。父母不要因为自己的恐惧、欲望，令孩子活成父母生命的"复印件"，成为父母期望中的复制品，那是多么可悲的事情。

电影《三傻大闹宝莱坞》中法汉的人生经历，反映了现实生活中很多父母教育孩子存在的问题，可以给我们一些启示。法汉喜爱为野生动物摄影，他的梦想是成为摄影师。但是，出生时父亲抱着他说的话，或者说整个印度对男生的期望，就是让孩子成为工程师。直到法汉在大学里遇到了象智者一般的朋友兰彻，他的命运才得到逆转。在法汉参加面试的前一刻，他被兰彻拦了下来，兰彻将一封信递给了法汉，要他打开看看。这是来自法汉特别崇拜的野生动物摄影家的信，信上表示，很欣赏法汉的作品和他对待野生动物摄影的热情，真诚地邀请他来一起工作。法汉这才明白，原来自己包里的那一封写了很久、但一直没有勇气寄出去的信，早就被兰彻寄了出去，并得到了回音。

人生就是这样，梦想就在眼前，且机会只此一次。

兰彻也真诚地建议法汉返回家中，和父亲好好谈一谈，这对于法汉来说是一个考验，因为他从小在父亲严格的教育呵护下长大，父亲的威望是他不能、也不敢挑战的天花板，可如今，是到了要说清楚的时候。正如兰彻所说："只要多一点勇气，就能让生活拐个弯，只要争取过，努力过，将来就不会后悔。可如果不去做，将来一定会后悔。"

在兰彻的鼓励下，法汉返回家中，直面父亲的怒火，因为有之前朋友拉朱跳楼的前车之鉴在，父亲也害怕儿子重蹈覆辙，法汉这个代表天下所有有着同样经历的孩子的角色跪在地上真诚地对父亲说："爸爸，我是想要说服你，但不会以自杀为威胁，我不会自杀，因为我爱你和妈妈。但是，我是真的喜欢这个工作。想一下如果我做了野生动物摄影师会怎样？房子小一点，车子小一点，钱少一点，可是我会幸福，我会很幸福的。"看着儿子坚定的决心，父亲终于同意了。

这个故事强调了家庭教育的重要性以及父母在孩子生命中的决定性影响。正如法汉最终向他的父亲展示的那样，真正的勇气不是放弃，而是坚持自己的梦想并为之努力。父母的作用是发现、支持并培养孩子的这种勇气和潜能。

"海阔凭鱼跃，天高任鸟飞"，这是孩子心中爱的模样，而"望子成龙、不要让孩子输在起跑线上"，这是父母心中爱的模样。那么，到底什么是爱最好的模样呢？那就是父母要看到人生的短暂，生命的可贵，亲子缘分的难得，去成全我们的孩子，支持他成为最好的自己。我们的爱应该是激励孩子追寻自己的梦想，让他们在未来的生活中因为选择了自己真正热爱的事业而感到快乐和满足。只有这样，我们才能真正称得上是孩子生命中的礼物。

作为父母，我们需要认识到，孩子的每一个阶段都有其独特的需求和挑战。父母应该是孩子成长道路上的引导者和支持者，而不是命令者和限制者。我们要学会用倒计时的方式与孩子相处，用心感受孩子的生命需求，真诚地帮助这个来到我们身边的孩子。父母给孩子真正的爱就是无条件地支持孩子成为他自己。孩子不是父母的私有财产，更不是父母生命的复制品。父母真正爱孩子就是帮助他成就他的梦想，在这之前父母要先帮助孩子了解自己、认识自己。

4. 尽早启迪孩子立志追梦

在这个缤纷世界中，每一个生命的降生都不是偶然。每个人都带着自己的使命与梦想来到这里，若能每日与梦想同行，那么无论人生路途多么崎岖，每一刻都会充盈着生命的深意和独特的启示。在这样的生活中，每一个挑战都会转化为前行的动力。

在成长的旅途中，父母是孩子内心世界的初级探险家，是我们首先点亮孩子心中感受与思考的火花。通过细心引导，孩子们学会观察这个多彩的世界，感受自我，理解他人，从而在花开似的日子里发现自己的天赋与热情。

启迪心智、塑造志向，这应当在孩子的成长早期就着手。通过唤醒孩子的智慧，父母可以帮助他们找到生命的方向和热情所在。一旦找到，就应全力以赴，培养他们精通至少一门技能，使他们有尊严、有意义地活在这个世界上。

只有当孩子们能够在自己最擅长的领域中找到生活的乐趣和成就时，他们才有能力去帮助他人，贡献社会。因此，父母的任务是帮助孩子尽早启迪心智、塑造志向，选择能为之奋斗终生的梦想，全心投入并追求卓越。成功，自然会如影随形，悄无声息地走进他们的生活。在这种教育下，孩子们不仅能够找到自己的位置，还能放射出足以照亮他人的光芒。

在这个瞬息万变的世界中，凡是取得显著成就的人，无一例外，他们很早就洞察了生命的一项真理：明确自己的目标，并坚定不移地追求。他们从幼时就确定了自己的人生方向，深知通过一万小时的坚持练习，他们能在梦想的道路上越走越远。在这条路上，他们不断自我超越，无所畏惧地前进。要想培养出这样卓越的后代，没有捷径可走，唯有从小便引导他们发掘并充分利用自己的天赋。

人生仿佛一列只行驶一次的单程列车，每个当下都是独一无二的，一旦错过就无法回头。在这有限的时间里，我们没有太多的机会来反复试错。正因如此，父母必须在孩子还很小的时候，就帮助他们思考要用怎样的自己在这个世界上行走，如何在这个世界上留下自己的足迹。如同孔子所言："吾十有五而志于学，三十而立，四十而不惑，五十而知天命，六十而耳顺，七十而从心所欲，不逾矩。"在今天这个信息爆炸的智能时代，孩子们应当从小就树立远大志向，用内心的热爱去创造属于自己的世界。

作为父母，我们帮助孩子自我认知，尽早确定自己的人生梦想，是在教会他们生命的深层意义。引导孩子学会自主学习，发掘内心深处的力量，是送给他们的最珍贵的生命礼物。毕竟，生活中最大的恐惧莫过于漫无目的地徘徊。没有明确目标的生命，就像一辆没有目的地的出租车，虽然行驶的里程可能绕地球数圈，却也是白白浪费了光阴，毫无收获。对于那些还在寻找生命目标的父母，也应不断尝试，确定自己的热爱，成为孩子的榜样和人生导师。

第六章 父母教导子女的成功观念

我们不应盲目跟风，让孩子追随他人的学习路径。应让孩子专注于自己热爱的领域，深入研究，取得实际成果，"一招吃遍天下鲜"。这不仅可以避免时间和金钱的浪费，更可以减少家庭的焦虑。因为真正的价值在于质量，而非数量。

在孩子成长的初期，父母应带领他们体验各种活动，以便发现他们的天赋和潜力。但在这一过程中，观察和沟通至关重要，这样我们才能及早识别孩子所擅长并热爱的领域。如果我们花费多年时间让孩子学习与其未来无关的技能，这不仅是对生命的浪费，更是对潜能的束缚。

拥有真正能力的人生才能自由、富足、精彩。仅凭一纸名校文凭，无法让一生顺畅。父母应让孩子从小理解学习的本质和意义，认识到真正的能力远比虚名重要，这样才能激励孩子发挥自己与生俱来的潜力和天赋。

总之，父母在培养孩子时，所持的观念和思维方式比具体培养过程中的努力更为关键。一个人的视角和心态，决定了他能走多远。教育孩子，不仅是教会他们如何学习，更是教会他们如何思考，如何面对生活的挑战，如何成为一个有责任感、有远见的人。

通过这样的教育，我们不仅能帮助孩子建立坚实的知识基础，更重要的是，我们能够帮助他们构建一种生活的哲学——一种在任何情况下都能自信、自立和自强的生活态度。

这样的生活态度，能让孩子在未来的道路上，无论面对什么困难和挑战，都坚持自己的方向，勇敢前行。

5. 软实力决定人生高度

从职业的角度来看教育，最热门的职业十年前多半不存在，而目前这个时代，人工智能、元宇宙等正如火如荼地发展。父母无法预见未来，强灌知识只是一场辛苦的徒劳，而应注重培养孩子内在的信念、感受力、同理心、思维能力、做事能力和探索创新能力等。

我们应当清楚，往往是看不见的力量，塑造了可见的世界。比如空气是无形的，但它决定了我们能否呼吸；电视信号是无形的，但它决定了我们看到的节目内容；精气神儿虽然抓不着看不见，但它直接影响着我们的健康状态。因此，真正厉害的父母，教育孩子会把功夫花在无形的地方。

现实中，我们能看到的成就，如考试成绩、学校排名、未来的财富和地位等，都是有形的、显而易见的。但是，一个人的思维力、想象力、感受力、创造力、认知能力和智慧等这些无形的"软实力"，才是支撑人生成功的真正基石。父母应该把工夫花在这些看不见的地方，更多地关注这些看不见的领域，提升孩子的思维、认知和智慧，培养他们自主学习的能力和对学习的热情，从而唤醒孩子内心的"巨人"。这样，孩子们自立自强的成长旅程才真正开始。

回想一下，很多孩子从小拥有相同的老师、相同的学校，甚至相似的成绩，为何成年后的差距却越来越大？拥有从众思维的父母可能会归咎于孩子的智商，但真正具有智慧的父母知道，是那些无形的软实力在决定孩子的一生和所有可见的成就。

所以，聚焦于培养孩子的想象力、创造力、思考力等软实力，孩子自然而然地会变得出类拔萃。那些只注重竞争、自私自利的教育方式，最终只会培养出别人的工具，这样的人生是有限且辛苦的。

人生，恰似一幅宏伟的建筑蓝图，我们每一个人在其中，既是设计师又是建筑师。这幅图纸，起初只是心中一闪而过的幻想，急须以想象力为之描边着色。正如爱因斯坦所言："逻辑可以把我们从 A 带到 B，而想象力可以把我们带到任何地方。"只有脑中的图纸细节清晰，我们才有动力和可能性开始建造。否则，再多的建筑材料也不过是废料，无法堆砌出心中理想的城堡。

接下来，我们进入建设的实际操作。如同建筑首先需要深挖地基，人生也需如此。地基的深度和牢固程度决定了建筑能否耸立天际，越往高处走，稳固的基座越显重要。我们看到的成就，无不源自那坚实的地基。在生命的构建中，这些地基是信念、动机、渴望和感受等潜意识的组成部分，它们深刻影响着我们行为的展现。

然而，当代的教育体系过于强调知识和技能的"地上部分"，却忽略了深挖"生命地基"和培养软实力的重要性。结果，随着时间推移，越来越多的问题浮现。这项关键的建设任务，理应由父母来承担。

在这个时代，作为父母的我们，需要突破传统教育框架和理念，摒弃一成不变的流水线式教学方法，转而采用更灵活、更符合孩子天性的教育策略。要认识到，好奇心是人的本性，每个孩子都有其独特的兴趣和学习节奏。教育的重点应在于保护而非破坏孩子的学习热情。在这样的环境中，父母老师只要提供足够的资源，孩子可以在短时间内高效完成学习任务，如在自然阅读中掌握识字和作文，或在几个月内完成整个小学的数学课程，以及在两年内流利掌握一门外语。同时，运动和游戏对认知发展和学习同样至关重要。

总之，现代教育亟须改变，以适应这个快速变化的世界，让每一个孩子都能在自己的生命建筑中找到坚实的地基和宽广的天空。

在这个纷繁复杂的世界中，为什么父母最初通过"鸡娃"

的方式，试图让孩子在竞争激烈的环境中脱颖而出，但这样的教育方式往往只能孕育出个例的优秀？为什么在无休止的"教育内卷"中，孩子们被迫参与一场看似永无止境的竞争，却依然无法激发出孩子们创新的火花？为什么我们会看到越来越多的年轻人陷入抑郁，且这种趋势正年轻化？根本原因在于，我们忽略了在孩子的成长过程中深挖和夯实生命的基础，没有重视培养孩子的内在软实力，把孩子对生命的无限渴望与想象力扼杀在摇篮之中。

这个时代，一个生命在他的婴幼儿阶段，接受了海量的信息刺激，这些有意识或无意识的输入造成生命提前"早熟"。然而，正当他们开始尝试独立思考和探索自我时，却因为沉重的学业负担和考试竞争，而无暇自顾。这时，如果父母也没有持续跟上有效的指导，导致孩子心智无法开窍，他们就会被困在现实的生活框架中。如果此阶段再看到父母日复一日只是为生计奔波的辛苦身影，孩子们很容易认为生活就是这样疲惫而乏味的循环。孩子以为生命就是如此而已，看不到希望和向往。如果这种状态持续下去，孩子们就会渐渐地失去对生活的方向感，失去学习和成长的动力，甚至失去对生命的热情，转而开始逃避现实。很多孩子选择躲进"游戏"或者"二次元"的虚拟世界中，错过真实生活中成长的机会。更悲剧的是，面对生活的压力和挑战，一些孩子可能因一时的困难选择放弃生命。

虽然许多事物都配有说明书，指导我们如何使用和维护，但生命却没有这样的指导手册。父母在孩子生命中的角色，既是"生命指导师"也是"人生规划师"，而这一角色同样没有现成的操作指南。因此，许多人不得不在应对生活的挑战时，用自己的经历和教训来摸索前行，通过事实的打击来醒悟。当面对人生的重大考验时，最令人心痛的是看到有些人选择了放弃。

因此，我们作为父母，必须重新思考和改变教育的方法和目的。我们需要在孩子的生命中播种希望，培养他们的创新思维和内在强大的软实力，使他们能够面对生活的风雨，坚强而有力地走自己的路。

每个孩子的心中，都藏着一颗天才的种子。在他们成长的每一个敏感期，如果父母能够适时地提供恰当的引导和支持，就能助力孩子们走上自我实现的道路，让他们的潜能如花般自然绽放。正如《道德经》所言，"是以圣人处无为之事，行不言之教"。真正的教育不在于喋喋不休地讲授，而在于潜移默化地影响。

在这个竞争激烈的社会中，单纯的成绩攀比和激进竞争往往与培养孩子的内在软实力背道而驰。信念教育向内探索，促使孩子进行更多的反省和自我控制，这种价值观的教育是非常关键的。教育应当追求平衡，不断前进的同时，也要保持内在的稳定和均衡。

我们常看到，一些人即便拥有了权力和财富，但因为缺乏正确的价值观而不知如何合理使用，永远无法满足，终陷于痛苦之中。价值观教育的目的，在于培养人们的根本思维，使他们在思想和精神层面上拥有更广阔的责任感。而思想和精神，是可以跨界的。

如果我们能将这种价值观教育与天赋技能教育结合起来，就会形成一种非常适合当代的教育方式。我们需要培养的孩子，不仅仅是具有民族情怀和世界视野的全球公民，更是具有审美情趣、独立思维、想象力和创造力的个体。他们能够利用自己的热爱和擅长来影响和帮助他人，既能"济天下"也能"安身立命"。

"知者不惑，仁者不忧，勇者不惧。"通过融合中华传统文化中的做人、做事的根本思维，结合当代的科学教育和批判性思维的培养方式，我们可以帮助孩子们养成终生学习的习惯，探索并领悟生命的本质。让他们不仅具备清晰的思维、流畅的表达和写作能力，还能成为自尊、自爱、自信的优雅个体，他们将能够做事、思考、创新，成为真正自由的人才，自我实现，自由翱翔。

6. 浸入无用之用中

在这个快速变化的世界中，美的力量常被低估。然而，正如作家蒋勋所言："美，是看不见的竞争力。"这揭示了一个深刻的真理：艺术和美的力量能跨界融合，推动个人和企业的转型与成长，激发无尽的创意和丰富的体验。有一双发现美的眼睛和感受美的心灵，会激荡出更多的创意，会创造富足丰盛的人生体验。可以提升幸福感，给自己和身边的人带来惊喜与喜悦。

庄子曾经说过，"天地有大美而不言"。这些古老的智慧告诉我们，美不仅是被动的欣赏，而是需要主动的参与和体验。要真正理解美，我们需要浸泡在它的氛围中，让美学深入人心。当人摄入其中，才有美的感动。美不是一个外在的追求，而是一种内心的发现。它是通过亲身体验和感动来达到的，是从心灵的深处涌出的喜悦。

美的体验不仅限于自然风光、建筑或艺术作品，它还包括了人与人之间的沟通和互动中那种难以言表的心心相印。这种体验不会在传统学校教育中学到，因为它超越了分析、考试和分数的范畴。美学教育是一场心灵的旅行，它让我们在接触色彩、声音、形状和质感时培养出敏感和感知力，这些都是我们生命潜能的一部分。

当一个人在成长中被美学熏陶，他的生命将充满敏锐度和活力。美学素养和审美趣味，再加上创新动力和创造力，构成了面对未来世界的关键能力。美学不仅是一种美的追求，它还是一种心灵的滋养。在充满爱和包容的环境中，美可以成为支撑我们一生的高尚情趣，即使在最严酷的冬天，也能让我们不忘玫瑰的芳香。

所以，正如古人所言，"无用之用，方为大用"。在看似无用的美学追求中，我们实际上是在为生活装填极具价值的资源，这将成为我们在现实世界中不可或缺的力量。

第七章

与孩子携手缔造
理想人生

1. 开启生命的智慧

"天人合一"是我们中国传统文化的核心思想之一，这种思想蕴含着对生命透彻的理解。世间万物都有其与众不同的特性，每个生命都有其特殊的感受能力。正如一些动物在灾难来临前能预感到危险的迹象。而人类，作为万物之灵，我们的感受力尤其强大，拥有一种近乎本能的直观感知力。

通过内在的感受力和洞察力，人们能够洞察世界，透视自然法则，积累丰富的文化和哲学知识，这些都是科学与宗教发展的基石。捷克著名教育家夸美纽斯说："一个人的智慧应从观察天上和地下的实在的东西中来，同时观察越多，获得的知识越牢固。"

因此，作为父母，我们的职责是引导孩子们细心观察、用心感受，提供给他们充足的机会来"看"世界，从而激发他们天生的全息觉知力和深层的领悟力。这不仅是开启孩子内在智慧的第一步，也是帮助他们与世界进行心灵对话的方式。透过对万事万物的观察与感受，我们会与孩子一起增长智慧，发现自我的价值，理解他人，与周围人进行良好的情感互动。

在现代社会，许多人际关系问题，如抑郁症、自杀倾向、家庭纠纷等，根本原因往往是感受力的受阻。当人们无法充分感受自我和他人，就难以形成同理心和共情能力。这也是现代教育系统的一大弊端。

对于个人来讲，感受力不但是自我了解、自我认识的基础，也是我们身心快乐、人生富足、自我实现的关键所在；对于家庭来说，感受力不但是彼此关爱、亲情维系的纽带，也是家庭和谐、阶层跃升的支柱；对于一个企业、一个团体，甚至于一个国家来说，感受力是团体的生命力，是保持生机和活力的基础。所以每个人第一要务是打开自我的感受力、开启生命的觉知力。这不仅是个人成长的需要，更是社会和谐与进步的基石。向世间的万事万物学习，是开启知晓领悟能力的前提，是创造一切可能性的基础。

在这个快节奏的时代，现代教育系统过度强调了大脑的逻辑功能，尤其是在学科学习上。我们的教育机制强调通过强化记忆提高分数，灌输通过竞争来赢得人生成功的人生观，却无意中削弱了他们观察世界、感受环境和领悟生命的能力。这种教育模式让许多人的思维变得刚硬，令他们生活在一个通过头脑判断而产生的二元对立的世界里，总是活在非对即错、非好即坏、非黑即白的对立世界中。在这样的环境下，许多人几乎完全失去了人类与生俱来的直观感受力，生活变得缺乏活力和张力，甚至对周围的世界感到麻木，只能机械惯性地重复单调的工作，人际关系也因此陷入混乱，生命中的无限可能性大大缩减，这实在是令人唏嘘。

作为父母，我们首先要做的是唤醒孩子的感受力。正如《道德经》所言："是以圣人处无为之事，行不言之教"，我们不应仅仅用言语教育孩子，而应该与孩子一起，利用我们的感官，随时随地地观察和感受周围的世界，共同体验和交流我们的感知。

父母要学会表达无言的爱，了解身体触碰与疗愈的智慧。在孩子幼小的时候，我们应该帮助他们开启所有感官，提升他们对外界的敏感度。父母要用肢体表达、皮肤接触等，来表达爱与对孩子的爱和支持，比如给孩子跷大拇指表示赞扬，睡前轻抚他们，以抚慰他们的身心，轻拍他们的肩膀以示鼓励，轻抚他们的头发以表达爱意，或者用夸张的表情与孩子进行互动等。这些无言的亲密接触不仅能瞬间安抚孩子的心灵，还能帮助他们打开心扉，学习如何感知自己的身体，并随时与自己的身体和心灵保持联系，与这个世界建立坚固的连接。这种深刻的安全感将使他们更容易在未来的人生道路上突破各种障碍和挑战。

父母还要创造条件让孩子尽可能多在大自然中得到心灵的滋养和感官的自由展开。孩子在童年这个阶段，最好的居所是在大自然。正如《论语》中所述，孔子曾言："予欲无言。"

子贡问："子如不言，则小子何述焉？"子曰："天何言哉？四时行焉，百物生焉，天何言哉？"这告诉我们，大自然虽无言，却以其不竭的力量和无尽的法则生生不息。人应该向大自然学习，以万物为师，"天之道，不争而善胜，不言而善应"。孩子们的最佳童年时光应该是在大自然的怀抱中，那里他们可以近距离地观察自然界的奇迹，学习从树木、山川和流水中找到生命的节奏。

在大自然的沉浸中，孩子们不仅仅是在玩耍，在父母的引导下，他们从中学会与天地进行对话，与万物交流，看到万物都在按照自身的特性尽可能地成长。通过这种交流，他们可以发现自然界的规律和秘密，培养对自然的敬畏之心，同时也认识到自己在这个宏大世界中的位置。这种体验会引导他们达到一种由内而外的平静和安定——"知止而后有定，定而后能静，静而后能安，安而后能虑，虑而后能得"。孩子们将学会如何在生活的起伏中找到恒定，认识到"物有本末，事有终始"，然后自然而然能够格物致知，诚意心正，从大自然的启示中收获生命的智慧，并在此基础上掌握如何处理复杂的人际关系和生活挑战。

与大自然密切接触的孩子们发展出一种理性的直观感知，这种直观感知能够指引他们理解什么最为重要。长大后，他们将能够运用在自然中学到的规律，进行换位思考，提高生命的适应性。面对挑战时，他们能够将注意力从眼前高度聚焦的问题中松开，放下自我的角色身份，将思绪发散到更大的背景中，把当前的人事物放置于更大尺度的空间、时间背景下，从更广阔的视角观察问题，正如《金刚经》所教导的"应无所住，而生其心"。同时，他们将能够迅速回归内心，通过深刻的观察、感受和思考，利用人类特有的情感和爱的智慧，找到解决问题的答案。

这样养育出来的孩子，未来不仅能与世界和谐相处，还能心灵富足并幸福地生活，全心全意地为这个世界贡献自己的智慧和价值。

在这个信息爆炸的时代，父母拥有无限的资源来激发和培养孩子的内在潜能。书籍、音乐、画作、电影等——这些人类创造的艺术与智慧的结晶，都是开启孩子们独特生命力和感受力的钥匙。

通过书籍，我们不仅是在提供给孩子阅读的内容，更多的是给予孩子思考的材料与角度，令他们登上巨人的肩膀，从高处俯瞰世界，从微观处认识自己。书籍中的故事和知识能够激发孩子们的思考，帮助他们收集宝贵的信息和智慧，拓展他们的视野。

利用高品质音乐，培养孩子的音乐感受力，而非只是训练孩子使用乐器。音乐能够带领他们在心灵的海洋中自由游弋，感受不同频率和能量的变化，帮助孩子感受瞬间切换思维角度、提升频率的美妙。

优秀画作则是激发孩子们想象力和对美的感知的窗口。顶级艺术家的作品不仅仅是视觉的享受，更是一种生命状态的体现。通过观察和创造美丽的画作，孩子们学会用艺术表达自己的情感，享受随心所欲的创作自由。

而电影和纪录片则是另一种强大的工具，它们能够帮助孩子扩展视野，引发他们对生活的深入思考，训练他们的共情能力、换位思考和感受力。优秀的影视作品带来的不仅是娱乐的体验，更是一次次心灵的触动，帮助孩子们学会以心换心，培养宽容与爱，更深层地了解人性和自我。从电影版本的启示中，定位自己的生命版本。

通过这些多元化的高质量资源，父母可以有效地激发孩子的想象力和感受力，培养他们的慧根、慧眼和慧心。就像秋天的一片落叶预示着季节的变换，孩子们通过这些学习经历，能够发展出对生活微妙变化的敏感度和深刻的理解力，这些都是他们未来生活中不可或缺的核心素养。

在未来这个注重体验并充满挑战的时代，每一个孩子的成长之路都将是一段探索自我与深化同理心的旅程。当一个孩子，他能够超越自我与他人的界限，站在一种无私的大爱的高度；当他觉察到周围人的痛苦与困惑，能够深切地体验他人的感受，这不仅是一种感同身受的情感体验，也是一次心灵的觉醒。

这样的孩子，当他真正理解了他人的需求后，能够带着这份深刻的同理心回到自己擅长的领域，进行全新的探索与创造。这些由深度同理心驱动的创新，往往能够解决人们当前面临的实际问题，满足社会的深层需求，通过这种方式，孩子也在不知不觉中为自己塑造了一个全新的身份。

"仁者无敌"这个古老的思想在这个过程中得到了新的诠释。当孩子学会了全面地感受和认识自己，他的内心世界便开启了一场对生命的深刻觉醒。这种自我觉醒使他不仅全然为自己的生命负责，而且能够真正感受到他人生命的宝贵。这样的孩子，从内心深处自然而然地生发出对他人的爱与尊重。他们能够站在他人的立场上思考问题，和谐地处理人际关系，甚至能以德报怨。这一切美好的品质，都源于对自我生命之爱的觉醒与尊重。

2. 培养根本思维方式

在我们生活的纷繁世界中，有一句箴言给予我们深刻的启示："一个人心里想什么，他就是什么。"这句话深刻地揭示了思维方式对我们人生路径的决定性影响。我们每个人都必须为自己的思想和行为负责。因为我想、我信，所以我是。通过改变我们的思维，我们实际上是在塑造我们的生活。你想成为什么样的人，大部分是由你自己的思想决定的——因为你的信念和想法，构成了你的存在。

我们应当从生命的高度、深度和宽度考量自己的存在，同时考虑到生活的动态变化和时间的长河，这五个维度共同塑造了我们的人生轨迹。正如《道德经》所言："故以身观身，以家观家，以乡观乡，以邦观邦，以天下观天下。吾何以知天下然哉？以此。"这是一种从个体到整体，从即刻到永恒的视角，不仅仅通过衡量物质的尺度来定义生活，而是通过理性审视生命的终极需求，从而开启一种全新的生活态度。

苏格拉底的智慧——"未经审视的人生不值得过"，由他的辩证法一步一步推导而来。这反映了他通过连续不断的提问、质疑和思考来深入理解自我和世界的方法。每个人都应该学习这种思维方式，思考定位自己的人生，并尽早教育孩子如何思考人生，以避免我们宝贵且有限的生命被无意识地浪费。

因为不经审视的人生，很容易就把自己的头脑当成他人想法的实验田，而我们自己的生活并不是别人的实验室，我们的幸福不应成为他人思想实验的田地。我们的幸福感、生活的价值和意义，只对我们自己有重要意义，他人并不在乎。只有通过不断地思考和审视我们的生活，使用内心的尺度来判断，我们才能不断调整生活的方向，使自己的生活更加幸福，让生命变得更有意义。

我们可以与孩子共享一种特别的日夜仪式，使他们在自我探索的旅程上走得更远。

每天晚上，当孩子躺在床上准备进入梦乡时，我们可以引导他们在脑海中铺展一幅画卷，如同我们在第三章中所讨论的那样，与自己的内心进行一场深刻的对话。而在每个清晨醒来，当新的一天展开时，我们教给孩子如何启动他们的一天，通过进行"人生四问"来审视和规划自己的生命：

第一问：我的人生梦想是什么？

第二问：今年我要为梦想实现做哪些里程碑式的事情？

第三问：近段时间我的学习目标和计划是怎样的？

第四问：今天我要如何安排自己的时间？

通过这种方式，我们不仅帮助孩子形成了深思熟虑的习惯，还鼓励他们每天都与自己的心灵进行交流，从而更清楚地理解和追求自己的目标。

在教育和生活中，人们往往不自觉地沉浸在与他人的比较中，盲目模仿他人的行为，希望超越别人，甚至于要求结果比别人更好。这就相当于，我们在无限变数中去定位自己并努力行动。可想而知，这种方式往往使我们在复杂多变的生活中迷失方向，结果徒劳无功。然而，当我们将注意力从他人的行为转向探索生命的根本原则时，不管做出什么选择与行动，都以生命最根本的原则为参照点，且在行动中不断用这个参照点为自己纠偏。当我们的决策和行动更加聚焦和高效，正如那句俏皮的话："瞄准月亮，即使未能命中，也将落于璀璨星辰。"其结果会自然而然地达成自己的目标。

我们倡导用"第一性原理"来优化我们的思维。两千多年前，亚里士多德对于"第一性原理"是这样表述的：在每一系统的探索中，存在第一原理，是一个最基本的命题或假设，不能被省略或删除，也不能被违反。第一性原理思维，也被称作第一性原理推理，我们可以这样理解：超越因果律的根性思维，它是智者用来解决复杂问题和产生原创解决方案的最有效的策略之一，也是学习如何独立思考的最有效的方法。第一性原理思维要求我们超越传统的因果律，把事物分解到最基本的组成部分，从根本上解决问题。第一性原理，其本质就是看到事物的规律，抓住事物的根源，把判断放在事物的本质上，遵循客观规律。

在现代，埃隆·马斯克将第一性原理运用到其多个革命性项目中，从 PayPal（贝宝）到 SpaceX（太空探索技术公司），

第七章　与孩子携手缔造理想人生

再到Tesla（特斯拉）和SolarCity（太阳城）。他不仅重塑了电动汽车和私人航天工业，还提出了火星移民计划。马斯克曾把他成功的秘密公布于众，就是运用了第一性原理作为思考的框架：彻底打破传统框架，打破一切知识的藩篱，从最基本的问题思考，不依赖已有的经验或模式，而是从物质世界的根本出发。回归到事物本源去思考基础性的问题，在不参照经验或其他的情况下，从物质世界的最本源出发思考事物与系统。他解释说："我相信有一种很好的思考架构，就是第一性原理，我们能够真正地去思考一些基础的真理，并且从中去论证，而不是类推。我们绝大多数时候都是类推地思考问题，也就是模仿别人做的事情并加以微幅更改。但当你想要做一些新的东西时，必须要运用第一性原理来思考。第一性原理的思考方式是用物理学的角度看待世界的方法，也就是说一层层剥开事物的表象，看到里面的本质，然后再从本质一层层往上走。"

例如，在开发特斯拉电动汽车时，面对昂贵的电池组件成本，马斯克没有接受市场的定价，而是将电池拆解，逐一优化了生产流程、产地和供应链，最终将成本大大降低。同样，在开发火箭时，他也运用了类似的思路，从而大幅降低火箭总成本。

这种从根本出发的思考方式，即第一性原理，不仅是一种科学的逻辑应用，更是一种生活哲学。它教导我们，面对生活中的任何挑战，如果能够追溯到最基本的原因，并据此制定行动策略，那么无论目标多么宏大，都有可能实现。

在我们的教育旅程中，无论是自我提升还是培养下一代，关键在于通过对生命的深入观察和思考，培养出一种深刻的根本性思维。这种思维方式要求我们回归教育的最本质目的，以此作为出发点，并从人生的高度、宽度和深度三个维度进行全面考量。

高度，在教育中，这意味着保留个人或孩子的原本的天性与感知，不被大量知识格式化，避免被过度的信息塑形。这个维度定义了我们能在这个世界中展示什么样的精神状态和气度，它关系到一个人是否能够发现并投身于自己真正热爱的事业，并且判断这些事业是否顺应时代潮流。所以，生命的高度，决定了人生能够收获多少。

宽度，这代表一个人生活中能触及的人事物的范围与数量多少，能够影响多少人，甚至是是否能够达到"死而不亡者寿也"这个生命尺度。它考量的是个人的见识、胸襟和包容心。这个维度代表着一个人一生中的容量，能够与多少人达成共识、合作，以及他们创造的内容能持续在多长时间里影响多少人。简而言之，这是关于一个人一生能够拥有、接纳和完成的事务的广度。

深度，这关系到一个人的信仰、信念、梦想和专业知识的根基，它是未来人生稳定性的基石。这些都是需要人一点点积累积淀得来的。一个人的深度决定了其行动的稳健性和可持续发展的能力。

除了这三个定量的维度，还有两个重要的变量需要考虑：无常变数的动态和时间的尺度。世间万物都在不断变化之中，随着时间变迁，理解和适应这些变化是至关重要的。

通过这五个维度的全面思考，我们不仅仅是在教育孩子，而是在引导他们如何面对生活的复杂性和挑战。这样的思维方式使我们能够不受外界诱惑和干扰，坚定地追求目标，成为真正具有根本思维的人。这种全面的思考和行动，是达成我们理想生活状态的必经之路，而不是盲目努力或随波逐流。拥有这种根本思维的生命，能够在复杂多变的现实中，找到自己的方向，过上充实和有意义的生活。

3. 激发想象创造未来

想象力是人类创造力的核心。它是那把能开启无限可能的钥匙。每个人都是创造自己现实的中心。地球上的每一个个体都可以通过自己的想象力在脑海中塑造事物，然后再将这些想象转化为现实，用实际的材料构建出心中构想的形态。

想象是从虚无中抓取创意的过程，而创造则是想象的实际应用。没有想象，就没有创造的起点。如果没有想象力，人类的发展和进步将会停滞不前。我们之所以能够实现目标，是因为我们先有了想象。正如爱因斯坦所言，想象力比知识更重要，因为知识是有限的，而想象力概括着世界上的一切。想象力不仅能够推动科学的发展，它还是塑造个人生命和整个现实世界的动力。

在这个充满竞争和挑战的世界里，我们应当更多地关注和激发自己及孩子的想象力，把握每一个激发创造力的机会。想象力是人类的独特天赋，可以通过后天的培养不断增强。通过想象，我们能设计自己的人生蓝图，逐步将这些蓝图变为现实，创造出独一无二的生命作品，为世界带来我们独特的贡献。在想象的引领下，我们和我们的孩子可以摆脱内卷的泥潭，用创意重塑命运，展现自己的独特价值。

想象力是一种精神的火花，可以通过持续的练习变得更敏锐和有力。在培养孩子的过程中，我们有机会重新观察这个世界，保持一种强烈且持久的好奇心。一句"我知道"可能是对想象力最大的扼杀，因为固执的自认为是会使我们的想象之门紧闭。

提升想象力是一个渐进的过程，需要我们在日常生活中不断地锻炼和提高。它始于对生活细节的观察，学习发现和联想，这本身就是一种想象的行为。打破常规思维是培养创造性想象的最佳途径。通过观察来激发思考，进而寻找事物之间的内在联系，从而自然地引出相关的联想。

例如，我们可以与孩子一同探索大自然或研究一张图片，激发关于所见之物的想象。比如观察一只海螺，尝试联想出所有带有螺旋形的事物：从向日葵的花心，龙卷风的形态，到海中的鱼群螺旋游动，再到人类的DNA双螺旋结构、手指的指纹，甚至头顶的发旋和星球运行的轨迹。

在这个过程中，越是经历见识丰富，越能拓宽我们的想象力。我们可以与孩子一起进行这种自我娱乐式的练习，不必追求任何具体的目标，只是单纯地享受联想带来的乐趣。这种探索不仅丰富了孩子的内心世界，也帮助他们学会从不同角度看问题，培养出能在未来自由创造和适应变化的能力。

通过这种与孩子共同的探索和练习，我们不仅帮助他们激发和扩展想象力，也在不经意间引导他们学会创造性思考和解决问题的技巧，这将成为他们一生中宝贵的财富。

在孩子的成长旅程中，阅读、写作、绘画和音乐是四个能极大激发想象力的强大工具。通过这些活动，我们不仅为孩子的想象力插上翅膀，还帮助他们在心灵的画布上自由地挥洒色彩。

阅读是开启想象大门的钥匙。通过大量的阅读，孩子们的心灵可以飞跃到未知的世界，接触各种各样的信息，从而极大地丰富他们的认知和想象力。

对于年幼的孩子，带图画的书籍是他们编织故事的绝佳材料。通过阅读这些故事，他们可以学习如何将模糊的想法通过语言和情节清晰地表达出来。而年长的孩子，则可以挑战自己通过阅读部分情节后，自行想象并创造故事的结局或开头，这不仅锻炼了他们的想象力，还强化了他们的表达能力，一举多得。

随着孩子的成长，十岁左右时，写作可以成为更精细化的想象力训练方法。从每天一首小诗开始，孩子们可以逐步学习如何用文字精确表达内心的图景。随着写作技巧的提升，他们可以尝试撰写短篇甚至长篇作品。写作本身就是一种创造过程，在这个过程中，孩子们需要动用想象，将大脑中的材料和信息加以整合和构思，最终形成文字输出。这不仅是一个表达过程，也是孩子内在想象和认知能力转化为创造力的过程。

绘画则是孩子们最直观的创造表达方式。每个孩子都天生享受绘画的乐趣，我们作为父母，应当为他们创造一个自由绘画的环境，让他们不受任何束缚地展现内心的世界。通过自由式绘画，孩子们的想象力得到了最自然的培养。正如毕加索所言，他花费一生的时间学习如何像孩子那样画画。这种纯真的艺术表达是孩子想象力的直接体现。我们不应过分关注孩子的画作是否逼真，而应鼓励他们在画中尽情发挥自己的想象力。父母可以进一步引导孩子将画面讲述出来，这样的对话不仅增强了孩子的表达能力，也充分发挥了他们的创造潜力。

除了这些，音乐也是激发想象的重要途径。我们可以与孩子一起静静聆听音乐，让他们闭上眼睛，感受旋律背后的情感和画面。这样的练习不仅能增强孩子的感官体验，还能开启他们的心灵之窗，让想象力在音乐的引导下自由飞翔。

对于不同年龄段的孩子，父母还可以采用多种方法来激发他们的想象力。

对于年幼的孩子，通过想象力进行游戏是锻炼他们创造力的理想方式。经典的家庭游戏如"过家家"和"开商店"不仅令孩子们乐在其中，还能自然而然地开启他们的想象力。在这些游戏中，孩子们被鼓励扮演各种角色，从中体验到成人世界的复杂性与魅力，这种角色扮演能大大激发他们的创造潜能。

对于稍大的孩子，父母可以创造机会让他们参与更实际的活动，孩子通过尝试与体验不同的身份，充分沉浸在各种角色中。这种实践体验不仅为孩子们的大脑带来新的刺激，还能深化他们对世界的理解，从而激发新的想象与创造力。

同时，玩具也是激发孩子想象力的重要工具，尤其是那些开放式的玩具，如积木。这些玩具允许孩子自由发挥，创造出各种各样的空间和形状。在这个过程中，孩子不仅在玩耍，他们实际上是在通过游戏"建造"他们的小世界。这个过程充满了发现和创新的乐趣，大大刺激了孩子们的创造热情，能够产生无限的可能性，丰富发展孩子们的智力。玩玩具并不是消磨孩子的时间，其中包含着重要的教育因素。

利用想象力类型的玩具，父母可以向孩子提出设计的目标，在观察孩子操作的过程中，可以看到孩子丰富的想象力和创造力，能够得到依靠大人的想法所得不到的宝贵启示。或许孩子想要完成分配给他的设计任务存在困难，过程中需要思考，但这种小挑战却可以很好地激起他们的内在动力，刺激孩子的大脑活动，使孩子手眼协调，左右脑并用起来，这也是训练专注力最好的方式。如果父母对孩子没有信任和耐心，把重要的思考过程全部告诉孩子，孩子就无法经历遇到困难、需要竭力思考这一过程，这对自信心的培养大打了折扣，长大后容易形成如果没有大人的指示，就没有了主见，无法独立完成事情的性格。

通常父母给孩子买来玩具，不需要按照说明书写的玩法去玩，父母的任务，在把玩具交给孩子时就已经结束了。至于孩子怎么玩，应该由孩子去自由想象，让孩子自己去考虑玩的方法或程序。孩子通过这种自我创造玩法的玩具得到自我发展，通过这种创新式的玩耍过程进行自我教育。

对于孩子来说，有时弄坏玩具，也许正是玩耍的目的。最重要的是，父母应该允许孩子在玩耍过程中自由探索，即使这意味着玩具可能被弄坏。孩子通过对玩具的自由探索，实际上是在进行一种创造性的实验，这种实验是他们学习和成长不可或缺的一部分。如果不允许孩子弄坏玩具，而是手把手地教他玩，对孩子来说，这个玩具就变得毫无生机和意义了。教孩子学会珍惜东西，应该是父母在孩子一到三岁的时候进行的一种规则性教育，但是在玩耍时，尽量避免这样去要求孩子，因为这样会让孩子失去想象力。

真正的教育不应仅限于传授知识，更重要的是喂养孩子的想象力，让他们在想象中探索未知，创造可能。通过这些多样化的方法，我们不仅能帮助孩子们发展成为有想象力的个体，还能培养他们将来解决问题和创新的能力。

想象力是一种神奇的力量，它能引导我们进入未知的领域，创造出前所未有的奇迹。生命就是化为实体形式的想象力，要靠我们的想象力才知道接下来要创造什么、体验什么。所以，让我们一起投入到养育孩子无限想象力的旅程中，解锁他们的创造潜力。

去喂养自己和孩子的想象力吧，这比灌输知识更重要！

4. 开启图像思维

在文字尚未出现的远古时代，人们依靠图像来思考和记录事件。直到今天，我们仍能看到许多古老的壁画，这些画作不仅美丽，且依然向我们传递着独特的信息。

图像是一种每个人都能知晓的语言，它跨越文化和时代，为人类提供了一个强大的记忆和表达工具。通过图像，我们可以在心中重现细节，帮助我们记忆和思考。它允许我们从不同的角度、不同的角色、不同的时间和维度来审视问题，发现别人可能看不见的细节；记住别人可能忘记的空间布局，比如颜色、材料、行为等；思考别人可能忽略的深刻原因和趋势，比如其中深刻的原因、原理、趋势等。

图像思维的力量在于它的直观性和易理解性。它能超越文字和环境的限制，让每个人从自身的理解出发，领悟更深层的含义，实现个人的成长和自我提升。通过培养这种思维方式，我们不仅连接着人类的古老传统，也为未来的创新铺设了桥梁。

作为父母，如果我们能够亲身体验并理解图像思维在自己生活中的作用，我们就会更加重视在孩子教育中培养这种能力。我们应该教育孩子学会图像输入、图像思考和图像记忆，使用这些技能不断地丰富他们的内在视角。这种教育方法不仅能提升孩子的智商，更能够开阔他们的心智，使他们能以全新的方式看待世界。

这种以图像为核心的思维，拥有强大的认知能力，能够激发孩子的创造力和解决问题的能力。通过不断地与图像互动，孩子的思维将变得更为灵活和创新，他们的智力和情感智慧也将因此得到全面的提升。父母可以通过各种各样的艺术形式和实践活动，帮助孩子掌握这一能力，让他们的生命之舟扬帆远航，探索未知的世界。

在孩子的教育过程中，传统的将知识切割成小块并用文字或抽象符号教学的方法，实际上可能不是最有效的途径。相反，引导孩子内在地形成连续流动的图像，将知识转化为心中的画面，这或许才是培养孩子深刻理解与认知的关键。

想象一下，学习的内容不再是孤立的知识点，而是一系列连续的图像，像幻灯片一样在孩子的内心流动，这些流动的影像经孩子内化又形成了流动的思维，最后形成认知与思想。我们要教会孩子如何学习，如何发现知识的源头，以及如何自己获取知识，而不只是传递知识。就好比是父母师长有一桶水，不是要把这桶水给孩子，而是要指引孩子看到水是从哪里来，并教给他打水的方法。

音乐可以作为启动孩子内在图像功能的工具，引导孩子在音乐中打开内心的视野，感受音乐所表达的画面和情绪。同样，通过听书或吟诵经典与故事，孩子可以将听到的文字转化为心中的图像，这样的过程能显著加速他们的记忆和理解。

在理解经典诗歌、古文或散文后，父母可以配合适当的背景音乐，引导孩子将心中的图像绘制出来，这不仅增强了孩子的艺术表达能力，也深化了对文本的理解。

静心练习也是一种有效的方式。在静心的过程中，父母可以引导孩子们将内在感受到的未来人生画面用各种方式表达出来——讲出来、写出来、画出来，甚至演出来，然后再根据内在画面的指引"以终为始"地用行动实践出来。

数学学习同样可以通过图像思维来进行。父母可以引导孩子了解数学的起源，阅读数学家的故事，感受他们的思考过程，想象他们发现数学原理的画面，甚至将一些抽象的公式视觉图像化，使孩子更容易理解这些概念。

我们还可以教给孩子将需要背诵的内容，在静心的状态下，用眼睛将内容"拍照"记忆并存储于大脑的"图书馆"中。

总之，我们作为父母，需要在自己的成长过程中领悟学习的真谛，然后将这些智慧应用到孩子的教育中。我们的目标是保持孩子的先天感知力，引导他们通过图像思维来学习、领悟、记忆，并认识自我。避免使用刚性的填鸭式教育方法，这样会扼杀孩子的慧性和对学习的热情。通过图像思维的学习与思考，孩子的智商和创造力可以实现显著的飞跃。

5. 培养静心专注能力

如果父母能赋予孩子一种超能力，那么无疑应该是"静心专注力"。这种力量，源自一颗安定的"宁静之心"，是父母能够送给孩子最珍贵的人生礼物。一颗宁静的心，可以帮助孩子穿越各种迷雾，在混沌中看清事物的本质，进而达到一种心流的状态，实现自我超越的创造境界。

诸葛亮在《诫子书》里叮咛孩子："夫君子之行，静以修身，俭以养德。非淡泊无以明志，非宁静无以致远。夫学须静也，才须学也。非学无以广才，非志无以成学。淫慢则不能励精，险躁则不能冶性。年与时驰，意与日去，遂成枯落，多不接世，悲守穷庐，将复何及！"他强调了宁静心境对于个人修养和远大目标实现的重要性。在我们浮躁和喧嚣的现代生活中，一颗宁静之心不仅帮助我们保持清醒和冷静，明察秋毫，还能在我们选择的道路上坚定前行，享受孤独，不受外界干扰。

错过培养孩子"定、静"心态的时机，对于父母来说可能是一种遗憾，对于孩子的成长亦是一种不可逆转的损失。只有当孩子内心真正宁静时，他们才能找到自己的使命和梦想，在人生的旅途上腾飞。

教育孩子，在他们的心灵深处播种，培养他们拥有一颗宁静的心。这样的心态是未来面对所有挑战的坚强盾牌，也是通往成功和满足的密钥。

作为父母，我们首要的任务在于培养孩子的静心专注能力，而这一切的起点，就是自我修炼出一颗宁静之心。心灵就像一杯水，只有当我们停止搅动，它才能逐渐恢复澄清。同理，当我们的内心不再被外界的纷扰所扰，就能觉察到心灵的平和与智慧，自然会慢慢领会到心灵明净的善妙。

在我们的生活中，每一个心念都可能成为决策的起点。我们心中的念头，会引发大脑的决定，这个决定接着会引导着我们在现实生活中的行动，一个行动又会引发另一个行动，而每一步行动，无论大小，都会产生出一个或好或坏的结果。这种在混乱中的行动结果大多都不是我们真正想要的，所以，很多时候，生命总是在弥补之前行动过失的"查缺补漏"中度过。

而当我们处于宁静专注的状态，我们就不会乱做决定，更不会随便行动，因为知道自己一动就有一个结果需要等着处理。因此，学会在宁静中做出每一个选择，我们便能避免那些非预期的结果，减少生命中的修复与弥补。

如果心中充满杂念，情绪不稳，那么即便灵感触手可及，我们也可能因内心的混乱错失机会。一个真正的创造者，必须懂得如何保持心灵的通透、纯粹与宁静，使自己敏锐地感知到常人未曾注意的细节。

从小要让孩子"日用而不知"，满足孩子在物质方面的基本需求，以免他在物质方面太过追求与眷恋，而错过发现自己重要的天赋。

在孩子小的时候，父母要指引他们不被世间各种浅显的欲望所牵动，那些在认知低且心灵混乱中所立下的"志向"，会让人乱了心志，耗费精气神，迷失了方向。父母要带领孩子进入宁静之心，发现他自己真正热爱的方向。父母更要用自己追求梦想的状态来向孩子阐明，人生要将自己有限的能量专注在真正热爱的方向上。

父母一定要重视孩子的体育锻炼，让孩子通过锻炼身体，保证精气神的充沛，使身体对于外界事物的刺激能够做出及时的反应，五感灵敏，学东西也会更快。运动也会锻炼孩子的意志，还可以快速去除身体代谢的杂质，以及负面的情绪，让孩子保持内心的纯净度，拥有更广阔的想象力。这样的孩子，能够用开放和清晰的心态面对生活中的挑战，像海绵一样吸收知识，像艺术家一样创造未来。

所以，在这个快节奏的世界中，为孩子和自己创造一个能够安静下来的空间和时间，是为他们的成长铺设一片沃土。这意味着在日常生活中留出一些空白时间，允许孩子可以自由地发呆、思考或沉浸在自己的世界里。在这些时刻，孩子通常会全身心投入到玩耍或其他活动中，通过观察、思考和感受，以及练习手眼协调等技能，他们的内心在不断成长。因此，父母应避免在这些关键时刻打扰他们，比如提醒他们喝水或吃东西，让他们能够完全沉浸在这种创造性的环境中。

第七章　与孩子携手缔造理想人生

我们要让孩子学会享受安静的时光，让他们的心灵得到真正的释放和休息。孩子们在这种宁静的环境中，会逐渐变得更加沉着冷静，拥有更强的观察力和思考力，面对事物时不慌不忙，处事从容不迫。

作为榜样的父母，也应该让孩子看到我们享受静心或思考的时刻。通过身教，我们可以向孩子展示静心和深思是如何帮助我们变得更加智慧。同时，在清晨醒来或睡前的宁静时刻，父母可以带领孩子进行日常的静坐、冥想或诵读经典。这些活动不需要太长时间，应根据孩子的实际状态来调整，可以包括晨间的思考或睡前的总结，这不仅能够锻炼孩子的专注力和觉知力，还有助于释放压力和情绪。

坚持这样的日常练习，不仅能增强亲子关系，还能帮助家庭成员达到一种内在的和谐和平静状态。这种从日常纷扰中解脱出来的练习，将开阔孩子的视野，帮助他们学会把握当下，将自己的事务做到最好。通过这些方法，我们不仅为孩子的今天种下宁静与专注的种子，也为他们的未来成功埋下坚实的基石。

6. 培育健康身体

人的身体如同一座神圣的庙宇，是我们灵魂的居所。在这个庙宇里，我们的灵魂得以安居，因此，对身体的关爱和培养是一项至关重要的任务。这不仅仅涉及饮食的健康、能量的平衡及健康习惯的养成，还包括教育孩子了解身体的结构、身体感知与自愈能力，以及身体潜能的开发等多个方面。

首先，作为父母，我们需要深入理解食物的本质。我们进食是为了补充能量和营养。了解食物的性质，明白食物间的相生相克关系，做到以新鲜为主，随四季变化而调整饮食，避免食用反季节的食物。

其次，我们要引导孩子深入认识自己的身体。通过学习《黄帝内经》等古代医学文献，培养孩子对身体健康的尊重和重视。孩子们应该学会正确地看待疾病——将疾病视为一种信号而非敌人，它提醒我们反思日常生活中的不当行为。《黄帝内经》中讲述的人体平衡之法，揭示了真正的"医治"是一种恢复和回归自然的过程。按照"上工治未病，不治已病"的理念，我们要教育孩子如何感知和调养自己的身体，使他们能够熟悉并自如地管理自身健康，对身体内部的微小变化保持敏感。

同时，父母应当教授孩子一些传统的疾病处理方法，如食疗、穴位按摩、艾灸、刮痧和拍打等，这些技能将使孩子能够及时应对身体的不适，从而更好地维护自己的健康。

在孩子的成长过程中，父母应特别注重开发孩子的身体潜能，这不仅涵盖了安全的自由探索和身体接触，还包括培养健康的身体习惯。在孩子的早期生命阶段，他们从对自己身体的感知、唤醒、发现和掌控中获得无比的快乐。为了让这种快乐的源泉持续涌动，父母需要在确保安全的基础上，尽量给予孩子充分的活动自由。一个被过多限制的孩子往往心生恐惧，容易生病，并且往往因为无法尽情而不快乐。要知道，心灵的开放、带有高频的快乐是身体的良药，健康的身体亦是快乐的根源。孩子内在频率高，学习起来才能达到真正的高效。

对于年幼的孩子来说，身体接触的智慧尤为重要。通过父母与孩子之间的亲密接触，如抚触、按摩等，可以疗愈孩子的身体，安抚他们的心灵，促进孩子心灵的开放，加强亲子间的连接和沟通。

要让孩子知晓运动的重要性，通过了解自己来选择适宜的运动方式，通过运动平衡生命状态，代谢多余的激素，训练静心的能力，磨炼意志，体会生命意义。如果有机会可以让孩子练习传统武术，既可以训练孩子们对身体的掌控，还可以让他们拥有成就感，更重要的是可以帮助孩子增进对中华文化中"柔弱胜刚强"等智慧的理解与运用。

父母也可以将艺术与创意思维融入孩子的日常活动中，将身体潜能的开发、思维训练、意志力训练、想象力训练综合在一起进行。比如：听觉+手=练习乐器，视觉+手=绘画，感觉+手=写作，味觉+手=美食，触觉+手=触疗……总之，在教育孩子这件事上，父母要打开思路，用行动成长自己的同时，去帮助孩子打开感官，启动身体潜在的"超能力"！

7. 培养自信的秘密

自信是成功的基石，是人生旅程中最为关键的品质之一。一个人的自信往往根植于多次成功的经验之中。正如俗

语所说：优者更优，弱者恒弱。一次成功的经验可以引发再一次成功，而多次的失败对一个人自信心的打击是巨大的。运用天赋能力可以让成功变成稳定的常态表现，这种能够持续保持同样水平的活动，才是真正实力。所以唯有了解自己做哪件事时，能周而复始、乐此不疲，并表现卓越的人，才称得上真正的自信。

教育真正的悲哀不在于孩子的能力不足，而在于从小就被削弱自信心的教育方式。不少父母不断指责孩子的缺点和弱点，过分强调补救这些不足，而忽略了孩子天生的优势和潜力，导致孩子一生不能或没有机会善用与生俱来的天赋能力。这种教育方式使得孩子对自己的能力认识不清晰，导致孩子长大后因为不了解自己的真正才能，而失去了本应伴随天赋而来的自信。

存在一个广泛的误解认为，只要通过学习，每个人都能胜任任何事情，每个人的最大成长潜力存在于其最弱的领域。

然而，研究表明，在几乎所有行业中，那些表现卓越的人才，他们80％的优异表现，特别是从良好进步到近乎完美的转变，主要是源于将个人的天赋发挥到极致。这是因为当人们在使用自己的天赋优势时，他们不仅感到更加愉悦和自信，而且成效也更显著。

因此，我们可以得到两个关键的结论：

一、每个人的天赋都是持久的并具有独特性；

二、个人的最大成长空间实际上位于他们最热爱且最擅长的领域。

这些发现提醒我们，真正的人才培养不应该仅仅集中于补齐短板，而应更多地关注识别和培养个人的独特天赋。通过这样的方法，不仅能够激发个人的最大潜能，还能增强学习工作和生活的满意度，推动个人在其选择的领域达到真正的卓越。

好好活出天赋，是一种生命的责任，也是自信与卓越的源头，更是父母要以身示范给孩子的生命模式。真正的高手对自己的长处和短板了如指掌，他们对自己的天赋拥有深刻的自知之明和坚定的自信。

"自知者明"——这是我们帮助孩子发现并培养其最强能力的核心理念。通过日复一日的学习和练习，孩子不仅能在他们最擅长的领域中取得成功，也能自然而然地建立起自信。许多成功者都会告诉你，揭开成功秘密的关键，在于发现和利用自己与生俱来的天赋特长。

天赋是自然赋予我们的宝贵礼物。卓越并不意味着全能，而是在于我们如何正确地运用那份"相信自己能做到"的自信，以及如何持续地对自己天赋所在领域保持强大的热情和兴奋的持久力。正是这份对自己能力的信任和对活动的热爱，使得我们能够将手中的牌打得漂亮，充分发挥自己的生命潜能。我们应该将天赋发挥到极致，这样，每个人都能在自己的舞台上脱颖而出，闪耀独特的光芒。

在帮助孩子发现和发挥他们的主要天赋的过程中，父母的角色是观察者和指导者。一种有效的方法是细心观察孩子在尝试不同活动时的学得有多快，注意他们是否因为热爱而投入到忘我工作的程度。如果在一段时间后孩子对某项活动没有显现出特别的热情或进步，那就尝试引导他们探索其他领域。通常，孩子的主要天赋会在多次尝试后自然显露，此时便可以开始系统地培养这些能力。

一些国家的天赋教育为我们提供了一个极佳的范例。从小学五年级开始，孩子们就被鼓励去探索自己的兴趣和天赋，并开始思考未来的职业道路，学习选择未来的人生道路。到了高中阶段，他们还会进入选定的实习场所，亲身体验数周，这不仅能帮助他们确认个人的职业兴趣，也是对他们独特天赋的一种呼唤。如此教育不仅是职业训练，更是一种生命的召唤，让孩子学会如何将个人天赋转化为对社会创造的价值。我们生而为人的责任，就是把这种独一无二的召唤好好活出来，为这个世界做出贡献。

自信的培养是一个综合过程，涉及孩子对自身能力的认

第七章　与孩子携手缔造理想人生

知和自我价值的确认。我们对于自己和孩子自信心的培养，可以参照以下标准：每个人对自己的优势抱有坚定的信心，深知自己是个有能力的人；能冒险、能接受新挑战、能提出主张，最重要的是能实践承诺；每个人对自己的能力与判断力很有信心，清楚他人看问题的角度与自己并非一致，并且知道自己的观点与众不同；知晓他人无法替自己做决定，他人也无法代替自己思考；不畏惧权威，有主见，不容易受他人意见的影响，对自己生命负责任。

通过这样的教育和家庭支持，我们不仅能培养出具有能力的个体，也塑造了具备独立人格和责任感的未来公民。

8. 拉开人生差距的关键

作为父母，如果希望孩子的未来无忧，就不能只是给他们留下一笔丰厚的存款或房产，或购买各种保险来保护他们的生活。真正拉开人生差距的，并非考试成绩，而是孩子的心性与人格。父母应该从孩子小时候起，就注重塑造他们的乐观性格，培养他们正确处理情绪的能力，帮助他们养成良好的生活习惯并发展出卓越的学习能力。最重要的是要注重孩子的心性和人格培养，使他们拥有"卓越的内在基因"，这意味着孩子能够更好地适应未来的种种变化和挑战。

　　培养心性和人格简单来说就是培养孩子优秀的内在品格和优良个性，这是他们未来顺利发展和生命成长的基础。正如王阳明所说："种树者必培其根，种德者必养其心。"心性是一个人修身立德的基石，也是做人和成就大事的根本。拥有良好心性和优雅人格的人，在外在行为中自然流露出卓越的气质与从容的风范。

　　一个人的性格、品德和修养，最终塑造其人格。心性与人格是一个人思维和行为模式的基础，它侧重于人对自我的反思、认知和内心的感悟。

　　父母应该努力帮助孩子发展健全的心性和人格，使他们在未来拥有乐观、坚韧的态度，具备卓越的品格和优雅的处事风格，从而在面对各种挑战时保持沉着与坚定，展现出最真实的自我。

　　赋予孩子一颗富足的、卓越的心，是父母留给孩子最珍贵的人生无形资产，也是他们最有保障的"存款"。一个人之所以能够活得幸福美好，根源在于生命早期心性和人格的培养。影响孩子心性和人格的因素很多，包括父母、师长、朋友，所读的书、经历的事、所处的环境以及自我觉察与认识等，而最重要的影响因素是父母。

　　父母对孩子的心性和人格塑造影响深远，因为他们会把

第七章　与孩子携手缔造理想人生

自身的心灵状态、思维模式和生活习惯，潜移默化地传递给孩子，并塑造他们的内在品质。人格一旦成型，它就具有稳定性，很难改变。除非孩子在以后的生活中经历一些特殊的重大事件，对其人格有一定的完善和改变作用。

在现代社会，尽管学校和家庭教育都强调"德智体美劳"的全面发展，但在实际操作中往往过分关注孩子的学业成绩，忽视了他们的心性和人格培养。其实，我们可以从传统文化中寻找心性教育的源头。

在传统文化中，无论是道家、儒家还是法家，都将心性教育作为重点。道家提倡保有"赤子之心"和"清净之心"，在"道法自然"中实现"无为而无不为"；儒家认为人"性本善"，主张在"忠恕"之道中反省自我——"吾日三省吾身"，并"见贤思齐焉，见不贤而内自省也"，从他人的贤与不贤中找到自己提升的方向；而法家则认为人性本恶，但通过赏罚等手段约束人性，最终达到"人尽其才、物尽其用"的目的。

从这些传统智慧中，我们能够看到心性教育的重要性，明白培养孩子卓越的内在心性将为他们提供一生受益的宝贵资产。作为父母，我们有责任在孩子的成长过程中，为他们提供正确的价值观指导，让他们在人生的起点就拥有一颗富足、稳健的心。

结合以上的内容，父母若想培养孩子的心性，使其拥有卓越人格和富足的内在基因，需注重以下几点：

一是注重精神的力量。

父母需努力完善自我，用心养育孩子。特别是在家庭中遇到重大事件时，父母处理事情的方式、心理状态以及对人和事物的看法与行为，都会无意识地影响孩子的生命观。父母的言行是孩子心性与人格养成的基础。孩子的人格通常在五岁左右形成，因此，从孩子出生到五岁的阶段，父母应尽量陪伴在侧，而非让隔代抚养。

二是体验全面成长的乐趣。

父母应尽可能帮助孩子实现"读万卷书、行万里路、阅人无数、高人点拨、自己顿悟"的成长过程。为孩子选择积极向上的成长环境，让他们接触人类文明的思想精髓，阅读有深度的经典内容和人物传记；带孩子通过旅学或电影、纪录片认识万物，了解世界面貌；寻找优秀的师长引导孩子；帮助他们从小就树立崇高的生命观念，培养高尚的生命的特质，保有纯净高尚的灵魂，尽早点燃心中的梦想之光。

三是拥有情绪觉察与转念的智慧。

父母应教会孩子觉察、感受和反省自己，学会驾驭情绪，养成乐观的性格。让孩子明白，真正左右我们情绪的，不是他人的行为或事件，而是我们对他人行为、事件的认知、看法和评价，有时甚至仅仅是我们的心情。教导孩子能认识到自己的情绪，觉察自己的感受，是真正爱自己的表现。父母要教会孩子从不同的维度或角度看待人和事，学会转念的智慧。当一个人能主导自己的情绪和感受，他的思考将达到最佳状态，人生也愈加自由。

一个生命能够觉察并尊重自己的感受，容许生命中一切的发生，允许痛苦感受的存在，保持微笑的习惯，创造美好的感受，保持着认知的迭代，这就是生命的力量与精进，也是生命卓越的内在基因。

四是塑造尊重与同理心。

父母应培养孩子拥有一颗卓越的心，能够站在他人的角度去感受，懂得换位思考，尊重他人劳动，尊重师长，尊重所有为他提供大量物质、精神财富的人，令他们拥有富足的内在基因。一个人内在的富足比他外在拥有多少物质更重要，这是父母的着力点。只有具备卓越心灵和高尚思想的人，才能真正享受幸福与富足的人生。

父母应首先培养自己，通过榜样力量对孩子产生积极影响。孩子总是能够感受到父母的感受，当我们通过行动，受到他人发自内心的尊重之时，就是在给孩子培养一颗富足的卓越之心。

五是关爱他人并收获满足感。

父母应培养孩子识别他人需求、照顾他人感受的能力，让他们理解助人为快乐之本。父母可以告诉孩子，在助人者和被助者之间，助人者不只是付出方，更是收获方。不要认为，付出就理应得到一定的回报，实际上助人者在施予他人帮助的当下，就已经得到了回报，比如会收获成就感和愉悦感。我们要让孩子明白，受他帮助的人越多，时间越长，相对来说，他也就更有能量，影响力也会更大。

照顾他人是一种能力，也是一种修为，付出更是一种胸怀。所以，卓越之心的背后是一种能力、修为，更是一种做人的格局与气度。拥有这些特质的人生，将不断遇到贵人相助。

父母除了要打造一个充满爱与温暖的家庭外，还要尽己所能为这个世界做些什么，让孩子感受到你的卓越之心，这比你把自己积攒的所有东西留给孩子要重要，也更智慧。

六是保持纯粹的赤子之心。

几乎每个厉害的人，生命都会呈现出一种特殊的状态，那就是保有一种纯粹的赤子心态。无论身处何种领域，想解决重大问题时依赖的通常是纯粹的能量储备。它让人进入"静能生慧"的境界和"精诚所至，金石为开"的心流中，自然而然地找到解决问题的方法。

正如《大学》中所说："知止而后有定，定而后能静，静而后能安，安而后能虑，虑而后能得。"让我们为孩子植入卓越的基因，帮助他们建立稳定的心性与人格，迎接美好的未来。

9. 确立一生成就的基础

教育的成败在于孩子一生的成就，因此，父母在培养孩子时应立足于他们的整个人生。而支撑一个人成就的基石在于其品行与格局，这些优秀的品质需要在日常的做人做事中体现出来。因此，教育的根本不仅是传授知识，更重要的是教会孩子如何做人、如何做事。父母应站在"生命"的高度来规划教育，在孩子年幼时就开始培养他们的做人做事能力，用行动为他们的一生打下坚实的基础。在训练做人做事的过程中，将德行的根基早早融入孩子的生命。

在当今时代，父母过于注重孩子的知识教育，重视培养智力能力，而忽略了他们做人做事的教育。再加上充裕的物质生活和相对宽松的环境，孩子往往生活在被父母过度保护的"真空世界"里。每位父母都希望孩子将来能出人头地，成就一番事业，但如果只是关注孩子的考试成绩，把知识教育放在首位，却牺牲了孩子童年、少年甚至青春的快乐时光，同时忽略了对他们人格和情感的正确引导，那么结果将是孩子变得自私、冷漠、叛逆，甚至人格不健全。

在现实中，我们已经看到很多看似学业优秀的孩子，在人格、品行和性格上出现了偏差。我们似乎忘记了生活中最重要的两件事：做人和做事。想要会做事，首先必须学会如何做人。如果父母忽略了学校没有教授但至关重要的生活能力、做事能力，以及做人教养，只想着通过知识为孩子铺平人生道路，幻想为他们提供一个无须奋斗的平坦之路，那无疑只是"黄粱一梦"。

人生如同一场单程的旅行。无论前路风云如何变幻，只要孩子在旅途上学会用行动践行做人和做事的原则，在人生道路上他们就能以不变应万变，活出顺遂与安乐的人生。

有智慧的父母总是把孩子的"做人做事教育"放在首位，有效培养他们的性格与品行，端正孩子为人的正确态度。教育家陶行知先生曾说："千教万教教人求真，千学万学学做真人。"孩子只有学会成为一个内心真诚的人，才能正确地去做事、学习和与他人交往。在这一过程中，孩子的情商和爱商都会得到提升。如果父母只关注孩子的智商，而不在育人上花功夫，这无异于舍本逐末。

教育孩子学会做人，是家庭教育中必不可少的第一课，也是最重要的一课。孩子未来人生的幸福与成功都源于他为人处世的能力。智慧地做人，可以改变命运的轨迹；做事则是一个人安身立命的基本活动。做事的方式体现了一个人的做人品质，也是其一生成就的综合展现。

正因为如此，古往今来，无数智者都把做人和做事作为彰显德行的基础，因为做人之道在于品德和人格的卓越，而品德与人格的卓越才会造就一生事业与成就的高度。正如古语所言，"君子以厚德载物"，父母在教育过程中必须将培养孩子的品行和做人原则置于首位，把教孩子做人做事作为教育的根本任务。德行是孩子成长的基石，其他的一切都是随之而来的。正如南宋理学家朱熹所说："德者，得也。行道而有得于心者也。"做事和做人是密不可分的，因为一个人的品德和个性只能在实践中得到强化，而一个人的智慧、能力和潜力也只有在实践中才能充分发挥出来。

因此，一个人必须首先学会做人，明白做人的道理，然后才能谈到做事。只有掌握了做人做事的原则，才能真正理解智慧的真谛和意义。

1996年，联合国教科文组织提出了教育的四大支柱：学会求知、学会做事、学会共处和学会生存。在这个日新月异的时代，变动与变革并存，对人们的做事能力提出了更高的要求。作为父母，应当培养孩子适应当今世界变化的综合做事能力，这包括感受他人需求的能力、责任感与使命感、逻辑和计划性、动手能力、追求卓越的品质、乐观精神、探索精神与行动力等。

当今社会越来越多的大学生找不到工作，而用人单位也难以找到合适的人才。这一问题的根本原因在于孩子们从小以自我为中心，无法体会他人的困惑与需求，也缺乏实际的做事能力。许多具有前瞻性的企业已将个人能力作为重要考核标准，而不再只考虑学历高低。

"一屋不扫，何以扫天下。"如果孩子连身边的小事都不愿意做，也无法胜任，那么自然也无法承担起更大的责任。同样，"治大国若烹小鲜"，从小就懂得承担和锻炼做事的孩子，长大后会觉得做大事也得心应手。父母应从小培养孩子的做事能力，从自己的事情自己做开始，再逐渐帮助父母承担家务。通过运用各种五颜六色的食材为家人烹饪，孩子培养了想象力、思维能力、创造力和感受力，是最经济、最实用的训练方法。思维能力和想象力是人生旅途中两种宝贵的资本，想成为人才，缺一不可。在劳动的过程中，孩子不仅会收获做事的能力，还会获得满满的成就感与自信。

然而，很多父母过于关注孩子的学习成绩，要求他们考高分、上名校，以此作为成功的唯一标准。于是父母替孩子解决了生活中的一切问题，除了学习，孩子完全不用操心其他事。这种教育理念下长大的孩子往往缺乏生活自理、动手和感受能力，即使成年后也难以独立。他们往往无法主动承担家庭责任，长大后容易变成依赖父母的"巨婴"。

"纸上得来终觉浅，绝知此事要躬行。"父母不能只是一味说教，而应以实际行动一点一滴地影响和感染孩子，最终让他们成为用实际行动解决问题的实力派。父母要学会"狠心"地爱，让孩子在家务中得到锻炼。正如荀子所说："不闻不若闻之，闻之不若见之，见之不若知之，知之不若行之。学至于行之而止矣。"我们应创造条件，让孩子在做事过程中锻炼综合能力，包括感受力、专注力、动手能力、创新能力、利他思维、节俭意识和时间管理能力等。

父母应超越对竞争的执念，从孩子一生幸福的视角出发，帮助他们通过学做人、学做事来培养逻辑思维和解决问题的能力，激发他们的想象力，令他们成为一个德才兼备，敢想敢为，并能用清晰的思维认真执行的人。

10. 构建独特的生命

每个孩子都拥有无限的潜能，他们像大自然中丰富多样的物种一样，每一个生命都独一无二，蕴藏着一种自动向上的力量，尽力成长为自己最美的模样。只要我们不加以人为错误的干预，相信每个孩子都能成为活泼且充满生命力的自己！

生命的自由度取决于一个人的思想境界，认知决定生命的精彩度。作为父母，在养育孩子的过程中，应给予孩子智慧且有效的帮助和支持。站在人类的高度，在孩子年幼时尽可能帮助他们了解地球与人类各方面的样貌，让他们心中和脑中早早建立起一幅地理与人文的全景地图。通过有效的资料激发孩子的大脑潜力，丰富他们的认知，让他们尽早理解自己生存的环境，从各个角度认识自己目前所处的位置。

利用各种真实的体验，父母可以帮助孩子开阔视野，建立宏大的宇宙观和世界观，提升他们的思维度，滋养他们的宽容心态。这样，孩子们将拥有一种万物一体的全息理解力，能够更好地认识自我、理解生命的意义，激发对美、自由和智慧的探究。在这一过程中，父母应帮助孩子明确自己的生命定位，让他们尽早领悟万物运行的规律与生存法则，并尽早意识到承担自我生命责任的重要性。

通过父母的智慧引导和实际帮助，孩子将能够充分发挥他们的潜能，找到自己的方向，成为一个富有生命力、理解世界并追求真理的独特个体。

作为父母，我们的责任是帮助孩子与这个世界的"巨人"们相遇！

第一，让孩子与书相遇，爱上阅读。

市面上的书籍质量参差不齐，充斥着许多畅销却没有营养的"口水书"。在孩子尚未具备辨识和思考能力之前，父母应为他们精心筛选书籍，根据孩子的年龄和书籍类别打造专属书库，避免孩子受到错误价值观的影响，让阅读更高效。读好书，能让你和孩子站在人类的精神高地上，认识自我，智慧地度过一生。

将书放在家中随处可见的地方，让孩子随手可以拿到，便能自然地培养他们随手阅读的习惯。

第二，让孩子与世界相遇，爱上生命。

在阅读的基础上，父母应尽可能带孩子多旅学，带着目的去行走，把平时所学融入整个旅程。从小接触多元文化、心态包容的孩子，更能接受新鲜事物，适应不断变化的时代背景，拥有更宽广的视野，能够跨界思考和解决问题。这个信息爆炸的时代，仅凭老旧的灌输式填鸭教育无法满足孩子们探索生命的要求，如果这个时代的教学方式还只是停留在用掰碎知识的方式让孩子死记硬背的话，那无疑会压制孩子的学习与探索兴趣。孩子们需要更多的体验式学习，通过体验增强感知，从感知中领悟变化与规律，再在领悟中总结和思考。

牛顿观察到苹果落地发现了万有引力，同样的，每个孩子与苹果相遇都会有不同的内心对话与遐想。有诗人气质的孩子会说他掉进了苹果的香甜世界；有经济头脑的孩子会想到果农丰收，人们又有好多苹果吃，苹果价格会便宜；画家气质的孩子会注意到苹果的形状和颜色，把心中最美的色彩涂满整个想象的空间；而田园气质的孩子可能会想种更多苹果树，让所爱的人都能在树下度过美好时光。

这些与世界上万事万物相遇之后的创造性遐想，来自一颗宁静的心，来自孩子们与生俱来的想象力，来自体验之后的思考与升华。学习不仅来源于书本文字，文字只是传递知识的一种方式，通过真实体验积累的智慧，要比仅从文字中汲取知识来得更加直观、更深刻。就比方说，如果文字能够转化成带有声音与图像的视频，人的吸收理解率会大大增加，更何况是真实的世界。而每增加一个维度，学习的效率也随之提升，美感也会增加。

从真实体验中总结的智慧，有了以母语为基础的人文修养，再加上看世界的体验，孩子的视野与格局慢慢打开，会直接缩短很多人生的空转期，运用一种超脱的思维去生活、去学习、去完成梦想。

第三，让孩子与人相遇，爱上分享。

每个人都像一本书，当孩子与不同的人接触时，他们会从中学到新的视角和思维方式，拓宽自己的认知。在与人交流的过程中，孩子会更好地认识自己，学会定位自己，了解沟通和分享的重要性。当学生准备好时，老师便会出现。在这相遇的过程中，孩子与"明师"相遇，而不是"名师"。"明师"是将生命活得通透的导师。如果孩子能幸运遇到一位活明白的老师，这是人生最大的福气。而当孩子学会将一件事做到极致时，自然而然就会遇到与之匹配的老师。从此孩子人生有了榜样与导航，不仅孩子，包括整个家庭都会因此而受益，减少摸索的时间，实现自我跃升。对于生命来讲，这是最大的受益。

第四，让孩子最终与宇宙相遇，体悟真理。

所有通透的"精神巨人"们最终都与宇宙相遇。智者与宇宙相遇，立言立行立德；科学家与宇宙相遇，发现了世界的规律；艺术家与宇宙相遇，创作出惊世的杰作；匠人与宇宙相遇，打造出举世无双的传世佳品。最终，孩子也会在自己喜欢的事物中相遇自我，知行合一。

这个时代是觉醒的时代，父母是否清醒决定了孩子的生命状态。生命的觉醒与否，完全是来源于每个人当下的选择。作为父母，我们有责任让自己清醒智慧地活着，成为孩子的人生榜样。用这一生，与孩子携手一起缔造巅峰人生！

第八章

通往梦想的行动
路线图

1. 家庭视听系统打造

我们每个人看待世界的方式、态度以及因此做出的判断和选择，最终塑造了我们所体验的人生。每个人来到这个世界时都像是一张白纸，出生后接触到的人、事、物以及所输入的各种信息，逐渐形成了我们后天的习性与行为模式。因此，父母除了要不断成长自己，以最好的状态影响孩子外，还需要为自己和孩子提供优质的信息输入。这些内容将直接影响一个生命的价值观、内在信念和认知维度。人与人的差异常常源于每个人内在认知层次的不同，由此造成了他们看待事物的不同视角。

为孩子打造一个以优质内容为核心的家庭视听系统是父母的明智之举。这一系统包括小型图书馆和多媒体区域。

一是小型图书馆。为了给孩子提供大量阅读机会，父母要为孩子打造舒适温馨的阅读环境，在家中创建一个小型图书馆。适宜的色彩和灯光会使孩子感到安全与舒心，按类别摆放的书柜、适合学习与创作的书桌、让孩子保持头脑清醒的清新空气、令孩子爱上美好生活的缕缕花香与茶香、加上那爱不释手的书籍……都让这片思考的净土成为家中最具吸引力的地方。父母用心的布置将激发孩子对阅读和思考的热爱。

选择书籍时，遵循"少则得，多则惑"的原则，宁缺毋滥。不要盲目听从"专家"建议，而要根据孩子的接受和认知能力，顺应他们的成长节奏规划与配置书籍。

二是多媒体区域。在多媒体区配置电脑、高品质音箱、高清投影仪和麦克风等设备，支持孩子通过音乐、纪录片、电影等优质内容提高认知维度、树立价值观、建立内在信念、培养逻辑思维以及思考能力。同时，还可以添加自由舞动的空间，鼓励身体探索。这些内容不仅能够替代无聊的电视节目，避免手机和电子游戏的负面影响，还可以防止垃圾信息在孩子无意识的状态下侵蚀他们的思想。

作为父母，我们可以利用高频音乐调节孩子的内在频率，培养他们的专注与想象力；通过纪录片扩展孩子的认知，教给他们不同的思维方式和思考能力；通过高品质电影让孩子了解人类和自我，树立正确的价值观；用精选的动画片帮助孩子学习语言。这些资料的收集、筛选和积累，以及与孩子共同欣赏和讨论的过程，也是对父母用心程度的考验。通过打造家庭视听系统，让孩子在探索知识的过程中，与世界的"巨人"相遇，拓宽视野并为未来打下坚实的基础。

2. 打造顺序分明的学习旅程

在孩子出生后，父母应高度重视早期教育的作用，可以着重以五感开发为基础，运用各种资源增强孩子各个感官的敏锐性。以听觉为例，可以在日常生活中，将精选的故事或全球优质音乐作为背景音，为孩子提供大量的输入。父母无须要求孩子认真聆听，而是通过这种无意识的输入，让孩子自然养成良好的语言基础。在经过大量听力的积累后，孩子的表达能力会大幅提升。结合后期的指读大图大字的图书，孩子不必逐字学习，也能在三岁左右实现绘本的无障碍阅读。随着孩子年龄的增长和阅读数量的增加，他们的心智水平也会得到自然的训练和提升。

到了上小学的年龄，孩子会渴望通过文字表达内心的想法。然而，由于这时孩子不太会写字，他们常常卡在了写字这个坎上，在书写表达上受阻，无法将心中的想法用笔写出。这种书写表达上的障碍，如果父母不能及时疏导，孩子就会错过用文字表达自我的敏感期，慢慢地害怕用文字写东西，认为自己不会写，觉得自己不擅长，进而害怕写作，丧失对写作的热情。为了避免这种情况，我们要注重保护孩子流畅表达的能力，鼓励他们先使用语音输入等方式，将灵感顺畅地表达出来；同时，让孩子逐步练习用笔写字。当他们掌握了足够多的汉字后，自然而然会主动写作。这种自信的表达下，孩子将积极思考，逐渐培养出主动学习的能力。

在这个教育过程中，父母需要具备"归零"的智慧，不要总是以全能全知的姿态引导孩子。即使你很专业，也需要放下权威，放下所谓的"知道"，让孩子掌握主动权。当他们需要帮助时，适时引导。这种与孩子亦师亦友的关系，可以让孩子充分发挥生命的创造力。父母也会成为孩子最信任的心灵依靠。

每个孩子开智的时间各不相同，因此这些学习阶段不应有固定的年龄和时间要求。父母应学会观察和感受孩子，就像观察花朵的开花过程一样，在适宜的时节为孩子提供适当的帮助与支持。

3. 礼敬圣贤　确认榜样

在早教过程中，父母可以为孩子选择一些经过时间筛选与沉淀的经典故事，让这些故事在他们的心灵深处种下一颗追求智慧人生的种子，为他们提供启迪和影响。从孩子懂事起，可以规划设计一些圣贤和名人故居的游学活动，让他们全方位地感受这些"人类精神上的巨人"，与圣贤们的生命状态产生共鸣，从而帮助他们找到向往的榜样。某一天，孩子的心灵或许会与心中的榜样进行一场跨越时空的"相遇"，开启生命间的心灵对话。从此，孩子会拥有自己的启明星和人生导航，开启自我驱动的成长旅程。这也意味着我们作为父母的责任完成了重要的部分。因为在孩子幼小的心灵中，生命中最重要的人不仅仅是和他们有血缘关系的亲人，还可以是那些精神上的榜样，这将成为孩子们跨越时空的心灵寄托。

以仲晋锐为例，五岁时，他偶然在书中看到了一幅画，被一种莫名的情感所触动，于是他找寻这幅画的名字和作者，发现是黄公望的《富春山居图》。从此，这幅画以及黄公望的人生故事在他心中刻下了深深的印迹。在他六岁时，父母带着他开启了探访黄公望故居的游学。就在富春江畔，在这位先贤的居所中，这个小孩在这个特别的场域中，被黄公望的精神气质深深吸引。从那时起，晋锐找到了成为"智者"的人生梦想，他的人生开启了自动导航的成长模式。如今他十七岁了，仍对当初的梦想笃信不移，并且一直用行动践行着这个梦想，目前已经出版了两本书——《少年遇到拿破仑》《让自己厉害一百倍》。时至今日，还在热爱的领域深耕着，一直在为这个梦想行动着。

4. 梦想路径　倒推预演

当孩子找到了自己的梦想，父母可以引导他们通过冥想，将梦想蓝图具象化，并尽可能详细地描绘出来。鼓励孩子尽量将每个细节刻画得清晰可见：他们想成为什么样的人？他们理想中的未来生活是什么样的？他们每天会做些什么？周围的环境和人际关系如何？所有这些细节将构成一幅生动的梦想画面，帮助孩子对自己的目标有更加鲜活的感知。

接下来，以这幅心中的图像为起点，倒推实现梦想的路径。这个过程如同一场自动导航的预演，让孩子能够清晰地定位自己，加深对梦想的渴望，并明确实现梦想的各个阶段和关键步骤。在这个过程中，孩子将认识到为实现梦想需要哪些技能、知识和资源，理解实现梦想的过程中需要付出的努力，以及自己应如何培养和训练相关的天赋与能力。

例如，如果孩子梦想成为一名科学家，他们需要具备哪些知识领域的专业技能？在哪些研究机构或实验室工作才能积累丰富的经验？是否需要阅读某些相关书籍或参加科学课程？在什么样的社交圈子里结交志同道合的朋友、导师和同行？

通过这个路径倒推的方式，孩子将能够对实现梦想的过程

第八章　通往梦想的行动路线图

有一个逐步清晰的理解，像沿着路标指引前行一样，有条不紊地制定并执行行动计划。这种清晰的规划能增强他们对梦想的渴望和信心，并让他们更好地明白实现目标需要的具体努力。

梦想如同一座建在"未来"这片土地上的新世界。对于孩子而言，只要在心中看得见，并用行动在现实中去执行，就一定能够到达那里。

5. 放眼全球　拓宽视野

有人曾说：对一个年轻人最好的建议就是去旅行吧！父母与孩子一起旅行时，关键不在于到过多少地方，而在于以怎样的方式旅行、用什么样的角度去看世界、怀着怎样的心态去体验，并从中获得哪些启示与拓展。我们每个人看到的世界都是不同的，对世界的认知都是片面的，然后形成了各自心中的局限世界，但这并不代表真实的世界。

生命最伟大的洞见是：我们只是拥有身体的观察者，唯一要做的事就是观察与体验。我们的身体让我们能够亲身体验所观察到的事物，我们选择去观察并体验什么事物，就会决定我们看到并体验到哪些事物。走不出去，眼前的世界就是你的全部；走出去，世界就展现在你眼前。因此，当你要选择去观察并体验许多事物，你就会见识到许多事物。所以，人生要多去体验，用广阔的视角看到世界的各个层面，形成全面的认知，有意识地选择你要选择的人生之路。

旅行是人生最快速的升华过程之一。旅行打开了我们的所有感官去应对下一秒的未知，迅速激发右脑的图像思维，提升观察力，建立左脑的逻辑思维，增强对事物的推理和预知能力，还能瞬间提高沟通力和敢于尝试的勇气。

旅行的根本意义在于拓宽新鲜视角，更新自己旧有的思维模式，并启发更多的生命可能性。简单来说，旅行是通过体验来认识自己是谁的过程。旅行也能启发孩子对阅读、写作和绘画的兴趣，让他们通过阅读加强逻辑思维，刺激左脑；用想象构建旅行的期待，激发右脑的创造力。通过文化、艺术、历史等主题旅行，扩展人生的边际，并将旅途中的见闻化为深刻体验。最终，将这些认知内化成个性化的原创作品。

主题游学能带来事半功倍的效果。游学需要思考的问题包括去哪里、与谁同行、目的是什么，以及如何总结收获。通过知行合一的方式，用行动去修正生命方向，并通过自己擅长的方式分享所见所学，利益更多人，让游学的价值最大化。

父母可以在每年初与孩子一起规划一年的主题旅学项目，做好前期准备。孩子可以绘制路线图，阅读相关书籍、观看电影和纪录片，以确定旅程的重点目标。这个过程能拓展孩子的视野，让他们不被眼前的困难与考验绊倒，将原有的竞争泥沼转化为创意的舞台。

6. 重视美学　多逛展馆

美学是一种无形的竞争力。如今，美学认知仍处于启蒙阶段。然而，在未来，无论从事哪个行业，只要融入美学元素和艺术理念，都能打造出独具个性的极致作品。一个人的美学修养不仅需要金钱的投入，更需要见识与认知的积累，这是其精神高度的体现。

"物以类聚，人以群分"，人与人之间的聚合往往基于价值观和精神层面的共鸣，而具备审美趣味的人往往拥有不凡的个性和生活品质。因此，父母应该提高孩子的审美素养意识，带孩子多亲近自然，逛艺术馆、博物馆，欣赏各类风格迥异的建筑。让美与艺术在生活中融入，让孩子体验节气文化与日常生活的结合，把美注入生活的每个细节。如居处有石竹、墙上挂书画、案几备笔墨、食饮用美器……让孩子在生活的四季中感受到美的浸润。如此一来，孩子将从小被美滋养，朴实无华中蕴含生机，润物细无声，日用而不知，潜移默化地受到审美的熏陶。

未来，孩子的艺术素养越高，其适应力和生存能力也会越强。但美学功底的积累是一个慢工，并非一蹴而就，而是需要循序渐进。父母需与孩子一同走上这条美学之路，一步步积累对美的理解，因为这是一种未来必备的能力。

7. 自然而然　母语养成

母语，是高层次思维的载体。无论一个人掌握多少外语，他还是需要依赖母语进行思考。因此，母语水平的高低直接影响一个人的思维深度和人生的广度。

引导孩子读好书，就是引导他们站在人类思想的制高点。通过阅读中华经典、西方文学和哲学，帮助他们打通世界文化与精神的通道。优秀作品通常有三重境界：从由点及面的"物境"，到由景入感的"情境"，再到由情入觉的"灵境"。在阅读过程中，引导孩子进入这些境界，鼓励他们发挥想象、用心感受，构建自己的思想体系并提高认知水平。

读书在于贯通各书之间的知识，在脑海中建立起一座知识城堡。读书不在于谁读得多，而在于谁能够更深刻理解书中的内容，并将这些内容内化为自己的知识和行动的一部分。

阅读可分为泛读、精读和整理三部分。泛读是指大量过滤式的阅读；精读则是对优秀作品进行反复研读，甚至展开主题式阅读；整理不仅是在脑中建立不同类别的存储区，还需在笔记本中分类记录，以不同颜色区域标识，方便查找与运用。

阅读与写作能力的培养思路：培养阅读和写作能力时，可以结合朗读，将音乐与文字结合，将文字与内在图像结合，通过想象，将学习内容转化为内心的图像和思想元素，使知识得以简捷地传授并内化。通过这种自然而然的方式，孩子的母语能力将会逐步提升，思维与表达能力也会逐渐增强。

分享一个母语养成的案例，供大家参考。仲晋锐，酷爱阅读，在我写这本书时，他已经热情满满地创作完自己的第三本书。13岁时，他出版了首部十三万字的作品《少年遇到拿破仑》，通过拿破仑的生平，引导读者了解生命的真谛，并以积极的心态面对人生。这部作品受到了广大读者的好评。晋锐的阅读经历可分为四个阶段。

第一阶段：亲近书籍的阶段（0到3岁）

孩子出生后的前三年，是培养亲近书籍的阶段。在这段时间，孩子会对书籍逐渐产生认识和依恋，并在每日固定的时间与地点，与母亲一起快乐地阅读。这样的氛围能帮助孩子建立条件反射，将阅读与快乐、温馨的感觉联系起来，进而养成对阅读的热爱。

当孩子与母亲一起乐读时，会在孩子的潜意识中建立一种连接，一种条件反射，阅读＝妈妈的味道＝快乐、爱与温馨的感觉，这对孩子爱上阅读起到事半功倍的效果。这种潜意识一旦建立，孩子就会养成热爱阅读的习惯，而且能够用最快的速度瞬间切换进入读书的状态。如何做到呢？首先，建立一个固定读书的环境，因为孩子年龄小，要考虑舒适度，阅读要在温馨的空间进行。然后是固定的时间，一般选择在睡觉前，这时候一般是家长最放松的时间，家长要表现出对书籍强烈热爱与珍惜的状态，家长的心情、情绪、语气等状态对于孩子亲近书籍、形成爱书的潜意识特别重要。对于书籍的选择，父母要用整体性思维，先预览这个阶段孩子适合的阅读内容，制定一个循序渐进的书单，一次不宜选多，用"少则得，多则惑"的法则，从中挑选出一到两本合适的书籍，原则是无字或大图大字的绘本，色彩明亮鲜艳。当把这一两本讲透了之后，再进入下面一两册书的阅读循环。阅读时，尽可能地用手指指着内容来描述，不要局限于只读书中文字的内容，要注重与孩子之间的互动，比如让孩子找小动物，让他把含有红色的东西全部找出来，数数一共多少种动物，看图编故事等等，总之要把书当成游戏的媒介，通过各种互动，让孩子兴奋地"玩"起来，直到把一两本书"玩"透，会讲出绘声绘色的故事，才换下一本。除了选择这种单册的图书阅读，还可以订阅月刊杂志类读物，因为是按月发出的期刊，每期的主角都是固定的角色，故事具有连贯性，孩子对故事中的主角们有着一定的感情，所以可以钓足孩子的胃口，让孩子用期待的状态等待下一期的书籍，更增添了孩子对阅读的热情。阅读还可以当作调整孩子行为的有效工具，当哪一天孩子需要在心性行为的规范规则上调整时，还可以将取消睡前阅读的权利来当作处罚措施，这样孩子就会更加珍惜阅读的机会，还可以用增加阅读时长或内容的方式，作为对孩子某种良好表现的奖励。

在这个阶段，汉字作为象形文字，对于孩子来讲，也等同于图像，加上之前讲到的将文字与内在图像结合的方法，因此父母不需要担心孩子因识字太多，禁锢了他们的想象力。父母要观察孩子对图像和文字的敏感性，对于特别聪明的孩子，从两岁多开始，除了大量经典的故事之外，还可以搭配每日定时定点大声指读数分钟的中华文化经典，如《易经》《道德经》等，顺序建议从难到易的选择原则，从小启蒙开慧，父母不需要担心孩子的接受能力，这个时期只管大量重复性地输入，不要有任何的期待和目标。在执行过程中，要运用"少则得"的原则，少量的内容、用少量的时间（可以从每次几分钟开始），在愉快的氛围下，还可以用吟唱的方式，在固定的时间和地点进行。这样再加之上面阐述的阅读方法，孩子就会奇迹般地在三岁左右拥有强大的语言表达能力，识字量也会自然而然地达到近千字，开启接下来自我阅读的旅程。这个阶段通过这样的方法，一举多得，既训练了孩子的阅读能力、观察能力、感受能力、判断能力等软实力，开启了内在智慧的同时，又在无意中认识了字，还建立了亲密无间的亲子关系，更留下了人生最美好的回忆。

第二阶段：阅读能力的养成（3到7岁）

这一阶段，孩子能够自行阅读并理解书中的内容，并感受到主人公的内心世界。父母可以选择富有想象力的经典故事和带有图画的百科读物供孩子阅读，让他们深入了解其中的知识和内容。

晋锐在这个阶段最喜欢的书籍是一套《玛蒂娜》。这个年龄阶段，他的内心还没有出现性别差异的概念，"玛蒂娜"的生活方式吸引了他。他反复阅读其中的故事，心灵触动很大。通过这些书，他对自由、美好的生活方式产生了向往，书中的内容也逐渐成为他童年的真实经历。

第三阶段：阅读热情的建立（7岁起）

随着阅读的逐渐深入，孩子开始自行寻找感兴趣的内容。此时，父母需为孩子提供充足的书籍资源。七岁时，晋锐迷上了百科全书，从一系列带图画的百科读物开始，带着一股强大的动能，最终九岁时竟然把《大不列颠百科全书》翻看完了。我当时也惊叹不已。顺着百科的指引，他又对历史产生了兴趣，在一段时间里阅读了大量的中外历史书籍。

由于大量的百科知识的输入，九岁那年，晋锐的写作逐渐风格化，写的文章用词较枯燥，文章风格近乎科学说明。在这种情况下，孩子跟随着内心的指引，又带着强大的热情开始"转战"阅读各种文学作品，从朱自清、琦君、老舍、汪曾祺，一直读到托尔斯泰、普希金，直到后来通过主题旅学开始接触雨果、塞万提斯、柯南道尔等人的作品……在旅学中逐渐扩展了阅读范围，写作水平也稳步提高。这时的他也已经十一岁了，去英国旅学后写下的《一棵树引发的心灵革命》刊登在《中国科学报》上。

第四阶段：阅读链网的形成（12岁起）

随着时间推移，十二岁的他从法国、荷兰旅学回来，阅读进入了第四阶段。

晋锐从法国旅学回来后，开始专注人物传记阅读。去法国前读的《拿破仑传》这时派上了用场。他每次捧书阅读时，我总是能听得他一声声的感叹，后来每天晚上睡觉前都要拉着我讲一段，还要感悟很多，讲得我也被感染、感动。

就这样他从德国作家路德维希的《拿破仑传》，链接到歌德，因为此书中提到了歌德对这位皇帝的评价与尊敬，其中拿破仑在谈及一生中的幸福时刻，引用了《浮士德》中的一句"停留一下吧！你真美丽！"，引发了他的共鸣和感动，随即展开了对歌德《浮士德》的阅读。

在选择书籍版本时，他选择了人民文学出版社和上海译文出版社的两个版本对看，这时他发现原来每一位译者都有自己独特的译文风格，随即产生了看原版的冲动。但冲动还是冲动，之后又成为过眼云烟抛在脑后。

　　一位作者笔下的"拿破仑"不过瘾，晋锐通过自己的阅读经验告诉我，对于拿破仑，他不能只停留在一个片面的角度，他要把他能找到的版本都买来读，这样才能全观一代枭雄的人生价值。就这样，法国作家富迪埃《拿破仑传》和英国作家安德鲁·罗伯茨的《拿破仑大帝》又出现在他的阅读计划中。

　　他那如饥似渴的阅读体验，让我心生敬佩，那些毕竟是一掌之厚的内容，就算是成人也会望而生畏，何况是只有十三岁的孩子。但是兴趣是最好的老师，就这样，这两套书很快被他吞噬消化了。

　　在这个过程中，这位少年曾几次为之动容，看完后，他在分享时说："我觉得这世界上对我来说有三类书，一类读不完就放下了，无趣无聊；一类是边读边思考边感叹；还有一类是读着读着，你就蒙上被子大哭一场，哭过了再继续读！这本安德鲁·罗伯茨的《拿破仑大帝》就是第三种！这是我的启蒙书，我会因为它而写作、翻译！"

　　你懂那种感动吗？这种生命力量的爆发！

就这样，晋锐又买了同一作者的英文原版著作，当读完前两页时，兴奋地说："如果我来翻译，一定比译者翻译得好。"说完，又万分感慨地沉浸在书中的世界里了。

就这样，这位少年的阅读也慢慢地成"链网式"拉开，之后又沿着自己喜欢的作家这个脉络展开阅读，一位作家的作品引出另一位相关联的作家，开始了他自己说的"用阅读读出来一张人文地图"的探索。用他的话来说就是："读书就像旅行，足不出户，已知天下，即使阴雨天，也可以让人尽享光明。"这种深入全面的阅读方式，不断开阔着他的视野与认知。

通过阅读，孩子的生命不断地变化着……而时间，就是孩子最宝贵的资本和财富。

8. 先练思维　再学数学

在对孩子的数学启蒙中，许多家长会将数学理解为算术或计算，并且用学习"语文"的方式去教孩子死记硬背一些诸如数数、加减法、九九乘法表等数学概念。结果，许多孩子在上学前就会计算20以内甚至于100以内的加减法，会熟练背诵九九乘法表……然而事实证明，大多数"抢跑"的孩子在三年级之前成绩可能暂时领先，但是到了三年级之后，或者是初中以后，数学成绩会忽然呈断崖式下降。

这种现象表明，家长们对数学学习存在误解，将错误的教育方法用于数学启蒙，在低等级的技能上让孩子进行高频训练，忽略了孩子思维能力的提升训练。这往往造成一个后果：诸如在计算方面，父母们认为练得越多越好，殊不知，过度的强化计算训练恰恰会让孩子对数学心生厌烦，扼杀了孩子对数学的探索兴趣；简单的计算题正确率是很高，但孩子由于数学思维不够，数学能力没有得到正常的发展，这导致孩子在三年级以后面对复杂数学问题时，无法应用数学思维解决问题，反而还在习惯性试图通过死记硬背来解决数学问题，这种错误的方式让孩子陷入"超前教育"的陷阱中。

每个孩子都有多元才智和不同的优势，有些孩子在数学运算上可能稍弱，却在空间感或逻辑能力上拥有过人的天赋。然而，在传统的教育评判体系中，这些孩子往往被贴上"笨"的标签，失去了数学学习的兴趣。

数学不是简单的计算，更重要的是对思维的训练。家长需要尊重孩子的认知规律，通过日常生活引导孩子培养数学思维，使他们成为能灵活运用数学思维解决问题的孩子。我们应该通过精心设计的学习环节激发孩子的数学兴趣，帮助他们建立信心，认识到数学是一种"宇宙语言"，从而用它去探索宇宙的奥秘。

数学启蒙应注重孩子的综合能力培养，包括数感、空间感、逻辑能力、分析和解决问题的能力等。在这些基础上，孩子们才能真正理解和享受数学的乐趣，并建立解决实际问题的信心。

一要认识数学之美。

通过纪录片《数学的故事》等资料，引导孩子了解数学的起源，了解古人如何用数学解决实际问题、如何通过数学游戏交流，让孩子站在数学的源头去理解这门学科。在学习数学之前，先激发孩子对数学的好奇心，点燃他们想要主动学习的动力。然后，通过玩数学游戏，进一步体验数学之美。比如利用积木帮助孩子建立数感，培养分类、形状和空间感；通过模拟超市购物，让孩子体会运算的重要性。让孩子"玩数学"能够激发兴趣，在快乐的过程中培养他们的数学思维。还可以引导他们用数学思维解决实际生活问题，如去超市时让孩子比较价格，从中选择性价比高的物品；在餐馆点餐时观察菜品价格等。这样，孩子们会认识到数学可以帮助他们解决生活问题，理解数学的魅力，进而获得成就感和自信。

二要用数学家的眼光深度了解数学。

通过电影、纪录片或书籍，了解数学家的故事，探索他们发现数学原理的过程，感受数学家的专注与热情。让枯燥的数学公式和定理变成有温度的生命动能，帮助孩子逐渐与数学家的思维方式产生共鸣，激发他们对数学的好奇与热情。

三要了解数学史。

当孩子对数学充满好奇时，可以让他们了解数学的发展史，形成对数学发展脉络的清晰认识，让他们在脑海中形成一张完整的数学发展图景。

四要空降式学习感兴趣的内容。

打破固定的数学学习步骤，通过"空降式"学习法，让孩子尝试自己学习感兴趣的内容，利用"小试牛刀"的真实体验，让孩子建立起对数学的自信，感受学习数学的乐趣。

比如可以直接空降学习"抛物线"原理，先了解抛物线原理发现的过程，再了解抛物线的形状与横轴、竖轴的概念，让孩子试着画抛物线，在画的过程中发现抛物线的规律与对称，顺势导出一些公式与原理，根据孩子的年龄可以涉及少量的计算。这一切结束后，让孩子找一找这个世界中有哪些事物符合抛物线的形状或原理，这时孩子会举出一些例子，如彩虹、大桥等，最后引导孩子感受微观层面抛物线原理的运作，激发他们对数学的好奇与兴趣。如人生抛物线、事业抛物线等，引发孩子们对生命规律的总结，一步步让孩子学会探索和发现这个世界的规律与奥秘。这个过程中，父母在操作时要忘记孩子的年龄，相信他有一颗直接领悟的心，但不要丢掉目的，不是让孩子学会"抛物线"等数学题目的计算，也不是让孩子了解人生的道理，而是注重引发孩子对数学的好奇与兴趣，建立学习数学的自信。

五要根据孩子年龄，选择学习资料。

在数学启蒙期，父母应选择以数学思维为核心的资料，坚持"数学非计算"的理念，筛选出适合孩子系统学习的资料。含有数学概念的绘本是数学启蒙路上最佳的工具，例如《汉声数学图画书》。孩子从故事中感受数学的奇妙与有趣，一些数学概念自然而然就懂了。数学绘本还可以帮助孩子建立图像思维，在脑中用图像的方式理解阅读的内容，以及数学知识。这不仅有助于提高孩子的阅读理解水平，还会为上学后处理应用题时提供更为方便的理解方法。选好适合孩子的学习资料，父母就可以带着孩子一起有趣地学习了。

六要全面梳理课本，绘制思维导图。

帮助孩子从整体角度理解数学，而不是将知识碎片化。通过全观教材，培养他们绘制思维导图的习惯，确保他们理解学习内容的整体结构。如果"只知低头拉车，不知抬头看路"，孩子就会掉进数学计算的迷宫里，渐渐被反复训练的作业给困住了，不知出路在哪里。

七要制订学习计划，规划路径。

结合前期的全面梳理，帮助孩子制定适合自己节奏的学习计划，明确学习的路径和目标。这样，他们就能有条不紊地在数学学习之路上前进。

总而言之，想要孩子在数学学习的道路上畅通无阻，父母需要先让孩子爱上数学，对其产生浓厚兴趣，这是父母的战略思考，尽可能让学习内容和体验符合"兴趣"这一战略目标，避免标准化的学习方式过早限制了孩子的思维模式。

9. 快速学习一门语言

学习一门外语应该用学习母语的思路和方法来进行。若采用科学的方式，三个月就可以开口说外语，三年能够熟练掌握。目前，孩子们学习外语的输入量普遍不够，造成无法流畅开口的问题。语言本身是内容的载体，是交流的工具，如果只是为了分数而学习，真的是太浪费时间和精力。

如何正确学习外语？

一是听力输入。

利用儿歌、动画或电影片段，进行大量听力输入。可以不必每一句都听懂，只需通过大量接触建立对语言的自然感知。这种不求甚解的输入方式能够帮助孩子自然习得外语。

二是自然拼读。

开始学习自然拼读法，逐步理解字母与发音的对应关系，奠定阅读和拼写的基础。

三是互动与表演。

组建学习小组，通过日常互动或话剧表演的形式，激发孩子自然开口交流的兴趣，让他们将所学的知识运用于实际表达中。

四是系统教材。

使用循序渐进的原版教材，系统性地学习外语内容，并逐渐增加书写与阅读的练习。教材的选择要根据孩子的学习速度和兴趣来调整，确保合适的难度。

沿着这个思路学习，孩子们能够事半功倍地掌握外语。实践证明，这种方法不仅能够让孩子流畅使用外语交流，还能让从零基础开始的孩子在三年内掌握成为专业口译的能力。

10. 以人为镜　以史为鉴

父母应引导孩子以历史的尺度看待人生，用史书等资料来反思现实和自我，全面了解全球和中国历史的演变，从宏观的时间和空间尺度审视人性和民族特性，使孩子建立起超越这些之上的宇宙观。

学习历史的关键要点如下：

一是观照现实。

历史是过去人、事与经验的记录。引导孩子利用历史记录和资料来审视当前的现实问题，让他们从过去的事件中获取智慧，明确人类的经验与教训如何适用于今天的世界。

二是全局视角。

帮助孩子形成全局观，从全球和中国历史的演变中获取启示，了解长期的趋势和规律，进而更好地理解人性和不同民族的特性。

三是学习经验与教训。

不要让孩子仅凭个人的主观习惯对历史做出简单的歌颂或批评。相反，要引导他们从历史的兴衰成败中撷取教训，学习前人的经验，作为人生的参考。好的方面加以效法，不好的方面引以为戒，从而形成明智的决策能力。

四是识别变化与不变。

从历史的角度，让孩子看到其中的变化与不变。通过思考如何定位自己短暂的人生，孩子自然会学会定义自己的教育，明确学习对他一生的意义。

同样的原则适用于文学作品。学习文学作品的本质是"人学"，父母要引导孩子超越故事情节，通过作品深入理解不同角色的思维和行为模式，从中学习做人处事的智慧。通过

第八章　通往梦想的行动路线图

文学，孩子们可以更好地认识自己，并理解他人在不同环境下的选择与处境。

11. 以终为始　预览教材

在学习任何学科时，父母都应告诉孩子不要完全依赖老师的讲授，更重要的是自己对学科和教材进行深入了解。父母可以通过以下步骤，帮助孩子制定有效的学习计划：

一是了解学科发展史。

带领孩子探索这门学科的历史，让他们先理解这门学科的演变过程以及它在不同阶段的关键进展。通过追溯其源头、识别各个时代的主要里程碑事件，孩子可以对整个领域有一个清晰的概览，并在脑中形成一幅完整的"导航图"。

二是画出思维导图。

帮助孩子梳理课本，画出各个章节的思维导图。将书中的知识点结构化、图形化，以视觉形式呈现整体脉络。这样，他们能够迅速抓住学科内容的全貌，在脑中构建出一个清晰的框架。

三是以终为始，制订计划。

让孩子按照"以终为始"的原则，先明确最终目标，再倒推规划所需的各个步骤。例如，问问孩子在这门学科结束时想要达到什么样的掌握水平。然后，按照这个目标制定阶段性目标，将每一章、每一节的内容分解为明确可行的学习任务，逐步推进完成。通过设定合理的时间表和具体目标，孩子可以达到事半功倍的效果，避免半途而废。

四是自我检视与反馈。

教导孩子在学习的过程中定期自我检视，根据自己的进展调整计划。如果遇到难题，不妨停下来重新审视思维导图和计划，并借助参考资料或老师的指导来填补知识空白。

这种方法能够让孩子拥有清晰的学习方向和可操作的计划，将独立思考与探索的能力相结合，不仅提高学习效果，也培养了他们的自主学习精神。

12. 养成每天创作的习惯

创意源自对人类思想深度的理解与大胆的想象，而想象的源泉则来自捕捉到宇宙的脉搏，看到事物背后的潜在可能性。因此，父母要积极开发和保护孩子的想象力，帮助他们培养创新与独立工作的能力。每天创作一个新作品可以成为孩子的日常练习。创作的形式应该根据孩子的天赋和兴趣来决定，保持简单和可执行的原则。

绘画：每天画一幅原创画，尝试不同的风格、技法或题材，让画纸成为心灵的自由表达之地。

写作：每天写一段能感动自己的文字，可能是一段感悟、一首短诗或者生活中的观察记录。

烹饪：每天动手做一道新菜，尝试搭配不同的食材与调料，培养创造性思维。

摄影：每天拍一张自己满意的照片，用镜头捕捉日常生活中的美丽瞬间。

……

在未来的时代，创新能力将是衡量个人自由度的关键指标。鼓励孩子每天进行创作，不仅能够增强他们的创新意识与灵感触觉，还能帮助他们建立自信心，养成思考和表达的习惯。在这个过程中，孩子会逐渐培养出自己独特的创作风格，形成对生命的独特感悟，并在追寻梦想的道路上保持探索的动力。

13. 留白的智慧

无论是人生还是教育，都需要拥有"留白"的智慧。留白是绘画、写作等艺术创作中的一种技巧。中国水墨画之所以能营造出广阔的想象空间和深邃的意境，达到"无画处皆成妙境"的艺术境界，正是得益于"留白"手法的运用。就像《红楼梦》结尾的一句"好一似食尽鸟投林，落得个白茫茫大地真干净"，为读者留下无限的遐想和沉思，达成"言有尽而意无穷"的效果。

哲学家苏格拉底重视人生的留白，他认为，"闲暇是所有财富中最美好的财富。剑桥大学也十分推崇这种智慧，正如徐志摩在《我所知道的康桥》里写道："我不敢说康桥给了我多少学问，或教会了我什么……在康桥，我忙的是散步，划船，骑自行车，抽烟，闲谈，吃五点钟茶、牛油烤饼，看闲书……"闲谈是剑桥大学重要的习惯之一。在那里，下午茶时间是教授们互相交流的时刻，不同学科的教授可以随意阐述自己的研究领域或方法，并通过吸纳其他学科的思维产生新的想法。有人说，剑桥大学的60多项诺贝尔奖是"喝咖啡喝出来的"。

我们的人生同样需要这种智慧，要懂得给自己和孩子的时间留白。庄子说的"无用之用"，其实就是生命境界中的留白。留下一点余地，留出一点时间好好享受生活，呼吸自由的空气。放松自我，留有思考的时间，人生才能从容与写意，才更能领会生命的真谛。孔子曾说："绘事后素"，庄子则提到"虚室生白，吉祥止止"，换一种说法，就是"留白"。

留白是为心灵开一扇窗，让智慧之光照进来，让灵感吹进来，让心灵溢满芬芳。没有为心灵留白的生活，往往被物质所奴役，逐渐活得麻木与机械。给人生留白，人生才能充满生机，才能给生命留下无限的想象与潜力。

教育也需要留白，不能被任务和计划填满。留白的时间可以用于写作、画画、发呆，或让想象在天地间自由驰骋。留白还能让孩子学会划清与父母之间的生命界限，理解自我负责的概念。孩子真正重要的发现很可能是在那片空白当中，父母可以观察孩子在留白期间主动去做些什么，这往往隐藏着孩子天赋的秘密。

如果父母让孩子在学习上用力过猛，又不懂得让孩子回补自己身体能量的方法，长期就会造成孩子身体的亏空。无论是从身体健康，还是精神健康上都得不偿失。所以，不要让繁重的学业任务消耗孩子的精力与热情，否则容易导致身体亏空，渐渐导致孩子们对学习产生厌恶。考上大学后，人立刻完全松懈了，无法再提起对学习的兴趣。父母教育孩子要遵循自然的规律、人体的规律，及时发现和解决孩子内在的生命困惑。

养育孩子，重要的是培养他们高尚的心灵，让他们追求真善美，并通过一生实现自我的解放。

14. 送给孩子最好的礼物

正所谓"同声相应，同气相求"。孩子成长的过程里，与什么样的人在一起至关重要，正所谓物以类聚，人以群分。在孩子成长的一些阶段，好伙伴的作用会胜过好老师。

《荀子》里有言："蓬生麻中，不扶而直；白沙在涅，与之俱黑。兰槐之根是为芷，其渐之滫，君子不近，庶人不服。其质非不美也，所渐者然也。故君子居必择乡，游必就士，所以防邪辟而近中正也。"兰槐的根本是芷，但如果长期浸泡在臭水里，即使是君子都不愿意靠近，平常人更是不会被其吸引。即使品质再好，也会因所处环境而受到影响。因此，君子择居要选好地方，出游要与志士同行，才能防止误入歧途，接近正道。和什么样的人在一起，往往会成为什么样的人。如果孩子周围的朋友积极好学，他也会受到熏陶；反之，如果周围的朋友无所事事，孩子也可能被带偏。因此，父母送给孩子最好的礼物之一就是择善地居，创造适宜成长的环境和氛围，为孩子寻找志同道合知行合一的伙伴。孩子们在相互交流中学会与人相处、学会合作，在幼年养性、童年养正、少年养志的这段时间里，保护他们的潜能，避免孩子的心灵受到污染，让天赋不轻易被环境影响或抹灭。这样，他们才能充分发挥自己的潜力，实现最佳的成长，这也是父母能为孩子做的最好的事情之一。

父母也要与孩子共同成长，成为最好的自己，这样才能自然遇见同样优秀的伙伴。我们成为苍鹰，才能在天空翱翔；羽化成蝶，才能与花朵为伴。用心自我成长，吸引志同道合的朋友，共同踏上精彩人生之旅。

15. 生命的传承与分享

生命就像一场回旋镖游戏，我们给出去的，最终还是要回到我们这里。古语有云："富能富人者，欲贫不可得；贵能贵人者，欲贱不可得；达能达人者，欲穷不可得。"这些话蕴含着卓越的思维，提醒我们，想要什么就要先成为那样的人，而要成为那样的人，就先学会给予他人。

父母不仅自身要重视分享，也要引导孩子学会分享。生命是一个不断学习、总结和分享的过程。生命的最后，我们无法带走什么，但在生命的尽头衡量自身价值时，能否在这个世界上留下一些痕迹是我们所看重的。因此，每个当下都需要注重生命智慧的传承与分享，让自己分享的内容尽可能地在一个相对长的时间里影响他人。

不要总是觉得自己还不够好或还没准备好，因为我们永远不会完美地准备好，不如从当下开始行动，勇敢地成为自己想要的模样。活出自己的光芒，并引导孩子一起去传递这道光，温暖他人，照亮未来！

第八章　通往梦想的行动路线图

第九章

孩子要知晓的
成长秘诀

这一章的文字，请父母分享给你的孩子阅读，或者用纯粹的爱用心念给他听。当孩子遇到困惑，或者出现一些心理或行为问题时，父母也可以挑选其中有针对性的内容，作为指引让孩子阅读。

1. 自我负责

亲爱的孩子，生命是我们最宝贵的财富，因为我们只有一次机会来体验它，所以必须好好珍惜自己的生命。你的生命来自宇宙，通过父母来到这个世界，但你并不隶属于他们。你的父母并没有创造你，你只是经由他们来到这个世界。你要清楚，你是独立的生命个体，你属于你自己。父母也是独立的生命个体，他们只是暂时肩负养育你的责任，当你成长到足够成熟时，就要开始独立承担自己的生命责任。当你学会自己对自己的生命负责时，你会变得更加独立和成熟。这意味着你要对自己的每一个决定认真思考，并为自己的行为承担责任。

越早明白这个生命真相，你就能尽早地学会独立思考，要明白"自己是谁""来到这个世界要做些什么"。当你清晰地认识自己时，你就会尽早主动锻炼自己的各项生存能力，尽早承担起自己的生命责任，体验到更多的可能性，有能力将人生活得无比精彩。

越早明白这一点，你就能尽早独立思考，去探索"自己是谁""为何来到这个世界"。当你真正了解自己时，就会更主动地锻炼各项生存能力，开始承担生命责任，这样你就能够使自己更快乐、更健康，人生就能从一个高峰飞跃到另一个高峰，也就能体验更多的可能性，拥有无比精彩的人生。

你是唯一能够为自己做出最佳选择的人。亲爱的孩子，请认清你自己的身份，感受宇宙对你的深深爱意。你是否听到它的呼唤？奋起吧，整个宇宙都在全力支持你成长！

2. 扩展认知

亲爱的孩子，你要明白，我们每个人生下来就像一张"白纸"，一开始没有固定的想法。我们通过父母、家庭、老师、朋友，甚至所处的城市、民族和国家来认知这个世界，目前你所知道的一切可能都被你视为正确，但这并不代表真实世界的全貌。每个人因受到不同影响，看到的世界都不一样。正如有人说，"人一生都在自己的洞中看世界，我们终其一生都要把自己的洞开得更大一些"。

认知决定行动。如果想让我们有限且珍贵的人生活得精彩、智慧、从容，就要意识到"自我培养"的重要性。通过有意识的自我培养，逐步建立宽广的世界观，汲取世界人文领域的知识，包括经典、历史、文学、艺术、音乐等，并探求智慧的真谛与理解，从而形成自己独特的人生观。

在此过程中，你可以一边读书一边行走，去见天地、见百态人生，接触高人、尊礼圣贤，不断实践与分享，思考生命，创造价值人生。

通过这些丰富的体验，你将扩展自己的认知，增加智慧和价值，为自己的生命增添尽可能多可以发挥的"材料"，这些"材料"可以帮助你超越金钱的局限，用创造力和行动把你心中的愿景转化为现实生活，成就自己的梦想。

3. 追求卓越

亲爱的孩子，你是这个世界上独一无二的生命。从有人类以来，世上就没有另一个与你一模一样的存在——无论是外貌、身体还是心灵，都无法复制。无论过去、现在还是将来，都不会有另一位完全相同的你。同样的，你周围的每一个人也是各具特色的。因此，你无须与任何人比较。如果有人拿你与他人相比，你只需告诉他："去认识你自己吧。"

你是珍贵的，凡是珍贵的事物都是无价之宝，你的价值也无法估量。你能有机会站在历史上那些"精神巨人"的肩膀上学习并付诸行动，你是如此的幸运，所以你的生命有无限可能。你拥有无穷的潜能，而你现在只用了很少的一部分。请充分利用你的身体、头脑和心灵，因为你留不住它们，无法永远拥有它们，只有在生命的每一刻尽力使用它们，发挥它们的价值。如果你将它们发挥到极致，你就能够比之前的自己厉害百倍、千倍！

请智慧的你从现在起，就发自内心地愿意这样去做吧！

你的生命是个奇迹，你要让这奇迹之力继续在你学习成长的路上得以发挥。你不是偶然来到这个世界上的，你来到这里就是要将你的潜能运用到极致，竭尽所能在正确的方向追求卓越，将你潜在的能力挖掘到极致。那时，成功将会悄然出现。

成功其实很简单，就是去做你知道自己该做的事情，聚精会神并乐此不疲地完成这些事情。成功意味着将你卓越的智慧与才能发挥到极致，为他人贡献出最有效的价值。要想成功，首先保持身体和心态的健康，并拥有面对失败时不被击倒的勇气。

4. 学会学习

亲爱的孩子，学习就像吃饭、喝水一样，是一生都要做的事。因为学习可以让我们体验到更加广阔的世界，帮助我们到达人类所能够理解的最精彩的地方。

当你理解了学习的真正目的和意义，你就会发现学习存在不同的层次。有些人为了应付他人而装模作样地学习；有些人为了不辜负他人的付出而机械背诵式学习；有些人因为喜欢所学内容而专心致志地学习；而极少数人是用生命去做深度的学习，把学习视为人生的核心任务。由于对学习的认知和态度不同，学习结果也因此差之毫厘，谬以千里。

深度学习是一种"空杯心态"，即放下个人的偏好与评判，先全面吸收和理解学习内容，再归纳总结，将其融入自己的认知体系。接着，用逻辑和批判性思维串联这些知识，形成自己的新体系，最后能够运用掌握的知识去解决问题，创造新的体系或事物。

《礼记·中庸》详细解释了学习的步骤："博学之，审问之，慎思之，明辨之，笃行之。有弗学，学之弗能，弗措也。有弗问，问之弗知，弗措也。有弗思，思之弗得，弗措也。有弗辨，辨之弗明，弗措也。有弗行，行之弗笃，弗措也。人一能之，己百之；人十能之，己千之。果能此道矣，虽愚必明，虽柔必强。"

"博学"并非贪多求全，而是对世界保持好奇和兴趣，接纳事物的多样性。"审问"是在广泛学习后，深入理解内容，从不同角度提出问题，增进理解。"慎思"是通过自问自答的方式，层层推理，直至将所学内化于心。"明辨"则是在前几个步骤的基础上，形成清晰的观点和价值观念，辨别出对与错。"笃行"则是将所学付诸实践，指导人生，实现知行合一。

学习最佳的状态就是让自己回到归零的空杯状态，与老师同频，与书同频，与人同频，舍己从人，让自己完全融入当下的情境之中，理解对方想告诉你的一切。当你完全吸收了他人所表达的内容，再回到自己的角度，你就能够很清晰地知道你要什么，你不要什么。

"学至于行而止"，如果我们能按照这些步骤去学习，结果必定是"虽愚必明，虽柔必强"。

每个学科都有其独特性，你需要在学习之前先预览内容，找到适合自己的学习方法，并制定好计划，明确每日任务。然后严格执行，绝不敷衍了事。

5. 认识时间

亲爱的孩子，你一定有过这样的感受：有时，时间飞逝，特别是做新鲜好玩的事时，甚至来不及挽留它就匆匆溜走了；有时，时间又显得漫长，特别是面对那些你觉得枯燥无味的事，仿佛时钟的秒针和分针都累得走不动了；还有时，当你全神贯注于某事时，时间感似乎消失了，甚至感觉不到它的存在。时间可以长也可以短，可以快也可以慢。同样的时间里，你可以做几件事，也可以什么都不做。你的思维频率和脑速决定了你对时间的感受。

每个人对于时间的感受完全不一样。有些人能在一年里做很多事，而另一些人可能花十年都未必能做到前者一年完成的事。还有些人让生命原地踏步，直到生命结束时，才发现自己好像没有真正活过。时间才是生命中真正的财富。谁拥有更多时间，谁就有可能创造更多价值。所以，你需要用高频率的思维和高效的脑速去创造生命的无限可能性。若你的觉知力、想象力、信念、专注度和清晰度都一流，那么你就能瞬间创造成果，跳出线性时间的局限。

时间是真正的财富。你要学会珍惜时间，把它用在有意义的事上。你把时间和精力放在哪里，就会活出怎样的版本。找到值得你花一生去追求的目标，并每天为之付出，坚持行动，功到自然成！

6. 强健身体

亲爱的孩子，当你明白了时间才是你真正的财富，你自然就会意识到"健康身体"的重要性。身体是你的"宫殿"，没有它，一切梦想都只是空想。拥有精气神饱满的健康身体，才能支撑你去实现自己的梦想！

适量的运动能帮助身体排出细胞垃圾，唤醒细胞的活力；充足的睡眠确保你拥有充沛的精力，使你在追求目标时能够保持专注和耐力；均衡的饮食为身体提供营养，维持饱满的活力和体力；乐观的心态能让你理性面对一切挑战，使生活更加有张力和弹性。

健康的身体会让你的生命更加绵长，才华能够充分施展，做事也变得更加高效。保持身体健康，让你的心灵更加通透发光！

7. 掌控命运

亲爱的孩子，你要学会主动掌控自己的时间，因为时间就是你最宝贵的资产和财富。找到自己最喜欢和擅长的事，不管你现在多大年纪，都要用高效、高频的状态去每日叠加，打造自己的梦想生活。如今是一个飞速发展的时代，忽略年龄的束缚，因为年龄与智慧、能力并不完全相关。不要等到所谓大众认可的年龄才开始追寻梦想。世界的趋势在加速与提前，你可以设计自己的学习方式，完全能够用更快、更科学的方法学到一切你想要的知识。如今我们生活在信息爆炸的时代，学习触手可及，只要你愿意，网络上总能找到你想要探索的内容。

当然，网络也是一个充满陷阱和诱惑的地方，有许多迎合人性弱点与欲望的内容。你需要学会甄别，不要让自己成为随意浪费或出卖时间的"奴隶"，不要让自己的心灵和大脑成为他人随意开垦播种的"荒原"。利用我们之前谈到的"博学、审问、慎思、明辨"的学习流程，理性选择，将时间和精力花在最值得的地方。如此，才能真正对得起自己这独一无二且珍贵的生命。

8. 致敬偶像

亲爱的孩子，你的人生中一定会有让你向往或崇拜的人吧。无论他们是历史上的人物，还是身边的榜样，不管他们来自哪个国家，不管是男是女，之所以能够吸引你的关注与向往，是因为你身上也具备与他们相似的特质。你的偶像们用智慧与行动，把自己活成了他人羡慕的模样。他们的生命状态正是在提醒你，自己也拥有尚未开启的天赋与使命。这种被吸引的力量是一种唤醒，激励你通过思考与行动，唤醒内在的"小宇宙"，用独特的能力，成长为让自己羡慕的样子，把人生过得精彩到，拿谁的人生给你，你都不会换！

对于偶像，最智慧的态度不是盲目崇拜，而是致敬与学习。真正厉害的人知道，偶像与榜样是用来学习、模仿，并最终成为的，甚至是用来超越的，而不是用来膜拜的。

亲爱的孩子，你要学会从生命的高度去认识生命的平等，并意识到自身的珍贵。在这种平等的视角下，你就不会自卑，也不会放低自己，更不会浪费时间在无益于自我成长的事物上，而是通过学习与成就来开启自己的天赋，为人们贡献力所能及的智慧与力量，把自己的生命活得丰盛又精彩。

第九章 孩子要知晓的成长秘诀

9. 正视缺点

亲爱的孩子，每个人都有自己的特点，也都有擅长与薄弱的方面。你所认为的"缺点"通常有两种情况。

第一种是你天生的特点，比如你天生动作较慢，意味着你在做事时更加谨慎细致；或者你喜欢天马行空、不切实际的想象，这代表着你拥有纯粹且富有创意的思维；又或者你天生视力有问题，但这反而让你更善于倾听与感受。无手无脚的世界励志演说家尼克·胡哲虽然天生无四肢，但他有着出色的口才和勇毅的性格，最终成为世界上杰出的励志演说家之一。因此，当你从另一个角度去看待自己的"缺点"时，往往会发现它们只是你独特的"特点"。试着将这些特点与你的优势相结合，看看它们能将你塑造成什么样的不可思议的人吧！

第二种"缺点"是他人给你贴的标签。它们往往是别人受到外界影响或自己的问题，而将这些问题投射到你身上。对这种"缺点"的处理方法是：看你选择相信什么。你是选择相信你自己，还是愿意相信他人所投射的你。你需要清醒地认识到这并不是真正的你，而是别人对你的看法。你相信什么，你就会成为什么。你很特别，独一无二，就算是你的父母也无法完全了解你，只有你自己知道你是谁。所以，你要相信自己，而不是相信他人对你的定义。对于那些贴在你身上的标签，不妨把它们写下来，在书写的过程中进行思考与分析，然后将它们撕碎，彻底清理掉。

不要被自己或他人的看法束缚，将"缺点"转化成"特点"，或者把不属于你的"标签"清理干净。大胆想象，积极行动吧！

10. 享受生命

亲爱的孩子，"活着"本身就是一种恩典。你要学会打开自己的各种感官，去感受生命的美好，学会鉴赏与发现世界中的美与善。觉察你呼吸的自由，感受身体的轻松，留意周围美好的人事物，捕捉生活中每一处闪光与触动，领悟生命的难得与珍贵。尽情地活在这个世界，用心灵与万事万物对话，用爱去滋养一切，用智慧去发现、传承，在心灵深处聆听宇宙的声音。从输赢竞争的思维，提升到"玩家"的境界，真正享受这难得又短暂的生命旅程。

学会创造你想要的生活，用世间最美好的事物来丰富自己。聆听高质量的音乐，观看精彩的电影和纪录片，阅读经典书籍，观察大自然的万千风景，欣赏地球的美景，品味人间的美食，与有趣的人们交流、创造。用宁静的心聆听宇宙的声音，保持纯粹美好的心灵，真诚而充满爱意地尽情做自己，把喜欢的事情做到极致。无愧于此生的旅途，沉浸在"天地有大美而不言"的境界里。

11. 正视挫折

亲爱的孩子，在人生的旅途中，没有人能够始终一帆风顺，鲜花铺满前路。拥有"退远一步观察生命"的能力，会让你获得更大的智慧。站在一个"退远"的角度，你会发现生命就像一条奔向大海的河流，有直有弯，有宽有窄。生命中的失败与挫折就像河流的转弯，目的是让你能够流得更远、更有力，避免断流，直至注入大海。因此，当你遭遇失败时，请不要沮丧，用更高维度的眼光来看待生命这次"转弯"，因为它会为沿途的土地带来更丰盛的资源。这次失败正是为了积蓄更大的力量，给你带来不可思议的智慧与感悟，让你"流"得更远，滋养更多的生命。

亲爱的孩子，不要害怕困难。"飘风不终朝，暴雨不终日"，风雨都不能持续太久，你生命中的困难也一样是暂时的。所有经历都是财富。"祸福之所倚，福祸之所伏"，你要学会善待错误，及时反思、总结经验，保持长远的眼光和清晰的目标。

生命是一场体验之旅，无论好坏、顺逆，都是这段旅程中不可或缺的一部分。只有真正体验过，才能明白自己想要什么。只有通过体验，才能在挫折中成长和开悟。

12. 学会合作

亲爱的孩子，我们的地球正面临人类过往的负面意识、污染和破坏带来的挑战，许多问题亟待解决。

未来的趋势必定是：不同国家的个人，将携带各自的文化背景、宗教信仰、生活习惯和思维方式，在和谐共处中相互理解、彼此欣赏，求同存异，取长补短。他们会紧密合作，共同面对挑战，携手解决全球问题，确保人类的物质与精神文明得以延续和发展。这种国际协作需要每个人具备高超的智商、情商和爱商：心怀仁爱，热爱思考，知识广博，勇于冒险，善于沟通，包容思想。

如果你也志向远大，从现在开始培养自己，成为一个能够与他人协作的优秀人才吧。学会沟通与合作，开放自己的心胸，增强自己的思维能力，让你的智慧、勇气与仁爱成为与人携手共进的基础。

13. 学会感恩

亲爱的孩子，感恩之心是打开生命无限可能的密钥，感恩之心使我们的心灵更接近幸福的源泉。真诚的感恩可以获取世界上最神奇的创造能量，让我们的心灵与世界的创造力紧密相连，和谐共存。

当我们怀有感恩之心时，能感知万物，心灵的力量会随之扩大，释放出无限能量，将美好的事物具象化，最终将它们引入我们的生命，让我们最终获得它。

让我们从现在开始，培养一种真诚的感恩习惯，让它成为坚定的信念！从内心默默感恩帮助我们提升的万事万物，用满怀感激的心去迎接生命中所有的美好事物。

亲爱的孩子，请真诚地感谢你所拥有的一切，它们都是你生命的礼物。

同时，也要记得感谢自己！

感谢自己，有一个健康的身体，能够应对各种繁忙与挑战；

感谢自己，有一个聪明的头脑，能够学习各种知识与技能；

感谢自己，有一个纯净的心灵，能够感知世间的万事万物；

感谢自己，有一种坚定的信念，能够不惧怕挑战不忘初心；

感谢自己，有一种清净的心境，能够感悟智慧理解这宇宙！

第九章　孩子要知晓的成长秘诀